JN258870

セレクション社会心理学—30

ルールを守る心

逸脱と迷惑の社会心理学

北折充隆 著

サイエンス社

「セレクション社会心理学」の刊行にあたって

近年、以前にも増して人々の関心が人間の「心」へ向かっているように思えます。「心」の理解を目指す学問領域はいくつかありますが、その一つ社会心理学においては、とくに人間関係・対人関係の問題を中心にして刺激的な研究が行われ、着実にその歩みを進めています。

従来から、これらの研究を広く総合的に紹介する優れた本は出版されてきましたが、個々のトピックについてさらに理解を深めようとしたときに適切にその道案内をしてくれるシリーズはありませんでした。こうした状況を考慮し、『セレクション社会心理学』は、社会心理学やその関連領域が扱ってきた問題の中から私たちが日々の生活の中で出会う興味深い側面をセレクトし、気鋭の研究者が最新の知見に基づいて紹介することを目指して企画されました。道案内をつとめるのは、それぞれの領域の研究をリードしてきた先生方です。これまでの研究成果をわかりやすいかたちで概観し、人間の「心」について考える手がかりを与えてくれることでしょう。

自ら社会心理学の研究を志す学生の皆さんだけでなく、自己理解を深めようとしている一般の方々にとっても大いに役立つシリーズになるものと確信しています。

編集委員　安藤清志　松井　豊

はじめに

私たちは、生まれたときから死ぬまでずっと、ルールに従って生きています。当たり前ですが、ルールを守ることは、社会の秩序を保ち、相互の利益や安全を担保する上で、必要不可欠です。

本書では、この「ルールを守る」ことを、心理学のさまざまな側面からまとめてみました。実はこれまで、〝ルールを守らない・ルールを破る〟ことは、〝社会規範からの逸脱行為〟や〝社会的迷惑行為〟などと、漠然と同じものと認識されてきました。はっきりいえば、本書のタイトルも、この三つのどれを主題としても、何となくであれば論じられてしまうのです。

しかし、厳密にこの三つを突き詰めていくと、食い違いや矛盾が後から後から出てきて、何が何だかわからなくなります。たとえば社会的迷惑行為について、色々な行為を対象とした研究がありますが、テーマとして議論されることが多い、「電車内の化粧行為」について考えてみましょう。ゼミなどで議論すると、「そもそもそれって迷惑なの？」「実害はないけど、見苦しいから迷惑だと思います」などと、色々な主張が展開されるのですが、「電車の中で化粧をしてはいけない」というルールは、法律として明示されているわけではありません。その一方で、車内で堂々と化粧をするのは、なんとなくはばかられる雰囲気が確かにあり、それは「電車内で化粧をするべきではない」という社会規範が、多くの人々の中で共有されているということでもあります。

そんなふうに考えていくと、社会規範がルールであるとは必ずしもいえないし、ルールに反することが迷惑であると、断定することもできないのです。世の中を見渡してみると、こうしたズレが、詭弁を生み出す余地になったり、行為をとがめられたときの意味不明な逆ギレの根拠になり、論点のずれた主張がぶつかる原因となっています。

そんなこともあり、本書の第一の目的は、こうした概念の混乱を整理しながら、それぞれの切り口から行われている研究を紹介することにあります。「法律とは何か、犯罪とは何か」というのは、そもそも法律学の管轄でしょうし、「正しいとは何か？」を突き詰めるのは、哲学の領域でしょう。本書では、こうした議論に加え、裏打ちとなる心理学のデータを示すことで、より深い理解を目指したいと思います。社会的迷惑行為については、第1章で述べていきたいと思います、社会規範からの逸脱行為については第2章です。

もう一つ、本書では一貫して「物事を、色々な切り口から考えましょう」を、主張として掲げています。これがどういうことなのかについて、第3章で多面的に論じていきます。その上で第4章は、これまでの知見を踏まえた応用として、逸脱行動や迷惑行為の抑止策について、またそれにつながる迷惑行為抑止教育について、色々な研究・実践例を踏まえながら説明します。

ルール研究は、イデオロギーや倫理的な制約が多いため、研究ベースに載せることが難しい領域です。第5章では、これまで行われてきた研究を例に、研究手法や心理学的研究を取り巻く諸問題について、まとめておきたいと思います。第6章は総まとめとして、知見を踏まえて〝考える〟ことについて言及したいと思います。

なお、これは声を大にして言っておかねばなりませんが、本書は広く社会心理学や関連領域を学ぼうとされている、大学二、三年生の方を対象に執筆したつもりです。ルールだの逸脱だの迷惑だのというと、いい歳をしたオッサンが、エラそうに上から目線で説教でもしたいのかと思われそうですが、そうではありません。私は女子大で教鞭を執っていますが、今の学生さんは自分の頃と比べ、随分と真面目で他人に迷惑をかける人は皆無に等しく、個人的に高く評価しています。「近頃の若者は……」などと、小言をたれるのとは真逆の立場であること、そういった類の本ではないことを申し添えておきます。

そもそも仕方のない話なのですが、「何が正しいのか」といった議論は、研究テーマとしてなじまないという側面があります。しかし、ある行動を人間がどうして「正しい行動」として選択するのかは、社会心理学の重要な検討課題だと思っています。

本書はその範疇を超えないよう、細心の注意を払ったつもりです。読者の皆さんが、こうしたテーマに関心を持ち、視野を広げる手がかりとなれば幸いです。

目　次

1●社会的迷惑とは何か

●社会的迷惑とは

学生時代に英単語を覚えるのが苦手だった人が、記憶や認知の研究に邁進したりという具合に、心理学者は自分が苦手だったり、自分に欠けているものを研究テーマにする傾向があるようです。そんなふうに考えると、ルールやら迷惑やらについてずっと研究している筆者は、逸脱者なのかもしれません。

職業柄、ついつい道の隅っこに捨てられている空き缶や、割り込みなどの乱暴運転に目がいってしまいます。とりわけ腹立たしいのが、車中からのたばこのポイ捨てです。暗いときは見えない・バレないだろうと思っているのでしょうか。前を走っている車の窓が一〇センチほど開いたかと思うと、赤い火がついた吸い殻が、道路にコロコロと転がっていく場面に遭遇したことがある人も、多いのではないでしょうか。ポイ捨てをするような人は自分の車の中が汚れるのは嫌でも、道路が汚れるのは何とも思わないのでしょう。

これはほんの一例ですが、本章では上に挙げたような〝迷惑行為〟について、考察していきたいと思います。これらは社会心理学の領域で、「社会的迷惑」というテーマで研究が行われてきました。吉田たち（一九九九）の中で、社会的迷惑とは、「当該行為が、本人を取り巻く他者や集団・社会に対し、直接的または間接的に影響を及ぼし、多くの人が不快を感じるプロセス」と定義されています。実はこの研究こそが、社会的迷惑研究と銘打たれた初の論文です。

心理学の論文を探すとき、アメリカ心理学会が制作している、二〇〇万件以上の研究が収録されているPsycINFOというデータベースから、キーワードをもとに論文検索をする人が多いと思います。社会的迷惑をこのデータベースで検索すると、どの程度研究の蓄積があるのかがわかります。最近は、〝mindless behavior〟や〝trouble maker〟といった語が、社会的迷惑の概念をなぞらえる英訳として広がりつつあります。しかし、不快感に着目すれば〝annoyance〟という語が、社会的迷惑に対応していると筆者は考えます。

ところが二〇一六年の時点でも、annoyance（迷惑・不快）をキーワードとして検索をかけると、わずかに八七〇件程度しかヒットしないのです（図1）。しかも、それらを細

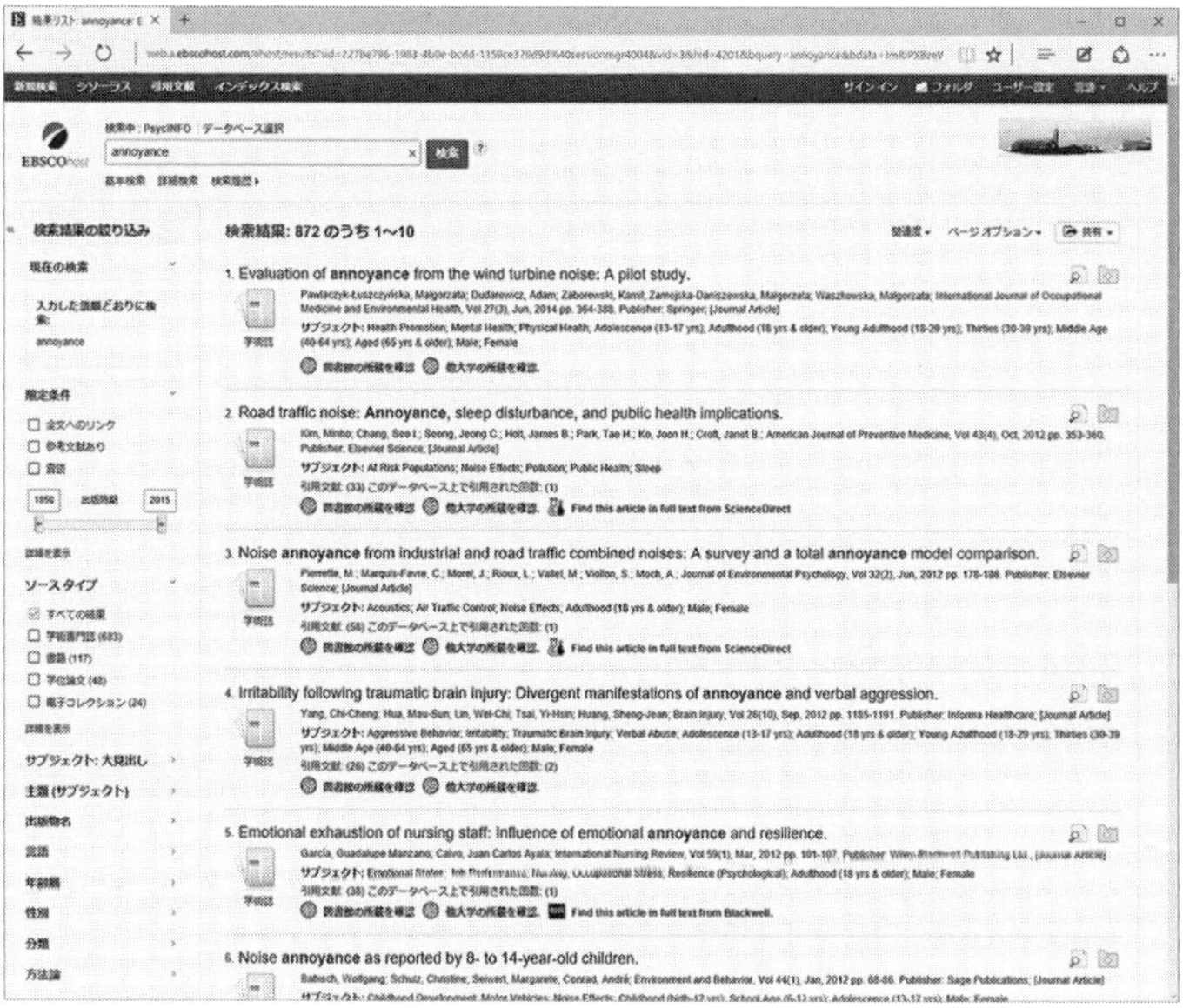

図1　PsycINFO による“annoyance”検索画面
（https://www.ebscohost.com/　EBSCO Information Services Japan 株式会社より許可を得て転載）

かく見ていくと、自動車のドライバーがタイヤの音を不快に感じるといった、社会的迷惑とはいえない内容が中心です。そんなふうに考えていくと、他者から受ける不快感をキーワードとした研究は、現状ではほぼ皆無といってもよいと思います。ちなみに〝mindless behavior〟も〝trouble maker〟も共に、二〇件程度しかヒットしません。そんなふうに考えると、社会的迷惑はまだ比較的新しいテーマであり、これまでほとんど検討の対象とはされてこなかった概念といえるのではないでしょうか。

ただし、「〇〇はルールだから」とか、「そんなことをすれば迷惑だ」という具合に、調査の一項目として、迷惑行為が扱われることはこれまでにもありました。しかしこれは、漠然と「正しいこと」とか、「困ったことをする人」という程度の扱いであり、迷惑そのものを深く追究しているとはいいがたいのです。

社会的迷惑の定義は、本書でも鍵になる概念です。この定義に従う限り、ただ不快に思うかどうかが根拠になるわけなので、別に法律違反である必要は必ずしもないし、実害が生じる必要もありません。そもそも自分が、相手に迷惑を及ぼしている自覚があるかどうかさえ、必要条件ではないのです。

ただし、社会的迷惑を考えていく上では、吉田たち（二〇〇九）が主張する、①認知者側（ある行為を見て不快になる側）の観点、②行為者側（他者が不快になることをやってしまう側）からの観点、③状況要因（他者が不快になることをやりやすい・やりにくくなるような状況）からの観点、という三つがあることに留意しておく必要があります。これをきちんと意識しないと、異なる切り口から得られた知見が錯綜し、かみ合わない主張のぶつけ合いになるからです。本章でもこの点について、十分留意して議論を進めていきたいと思います。

まずは認知者側からの観点になるのですが、〝不快感〟を元に分類していくと、社会的迷惑行為は、基本的には以下の三つのどれかに集約できます。

一つ目として、明文化されたルールや法律に違反した行為は、迷惑と考えて問題ないでしょう。ただし、一般の社会的イメージとして、重大な法律違反は〝犯罪〟と認識され、迷惑行為とは見なされません。〝多くの他者が不快になる〟ことだけが条件であれば、犯罪も迷惑行為の中に含まれることになりますが、世間一般のイメージからは、かけ離れているといわざるを得ないと思います。あくまで軽微な行為が、迷惑な行為と一般的に認知されていると見なすべきでしょう。法律は、制裁をもって行為が抑止されますが、実際の運用においてすべてを取り締まっていたら、社会が成り立たなくなることも多々あります。ルールがあるにも関わらず、守られていない状態を目にすることで、強い不快感を覚えるわけです。

図 2　民間委託された駐車監視員による取り締まり
(写真提供：jaraku/PIXTA（ピクスタ))

こうした具体例の一つに、交通反則告知書（青切符）が交付されるような、軽微な交通違反が挙げられます。一回の違反で免許停止処分にならない程度の速度違反や、一旦停止をしないなどというのは、多くの人に心当たりのある行為でしょう。そもそも青切符の制度は、モータリゼーションの進展につれて、案件の数が検察・裁判所の処理能力を超えてしまったため、軽微な違反の決済負担を軽減すべく導入されたものです。二〇〇六年には、駐車違反の取り締まりが民間委託されましたが（図2）、本当に重大な違反であれば、民間に任せることはあり得ません。

「危ない運転だなぁ」とか「こんなところに車を停めて鬱陶しいなぁ」と、不快に思われる程度の違反が、迷惑行為の典型例といえるでしょう。

二つ目は、法制化されていなくても、他者に実害が及んだり、マナーに反するものも、社会的迷惑に含まれると考えてよいと思います。たとえば、吉田たち（二〇〇〇）に挙げられた中にある、「火事や事故の現場を見に行くこと」について考えてみたいと思います。これは、いわゆる野次馬というやつで、楽しい気分になったり、愉快になるような場面ではないのですが、やたらとそういう場所に駆けつけたがる人は多いものです（図3）。

恐らく野次馬根性丸出しの人は、自身の好奇心を充足させたかったり、みんながのぞいているのにつられたりというのが実態でしょう。それゆえ、野次馬を批判されたら、「何が起こっているのか確認することの、いったいどこが悪いのだ！　誰だってやるではないか！」と反論する人がほとんどだと思います。確かにその通りで、法律上非難されるようなことは何もありません。

しかし、火事のときに野次馬が邪魔で、消防車が入れないということはよくあります。自分が当事者であった場合、見てほしくないと不快になったり、さらし者にされて恥ずかしいと思ったりするので、迷惑の定義も満たしています。現場の消防隊員や警察官に「危ないから入らないで下さい！」とか「邪魔だから下がって！」などと追い払われた人であ

図 3　火事現場を囲む野次馬（写真提供：Truthiness）

れば、迷惑を及ぼしている自覚ももてるでしょう。中には「ちょっと見るくらいいいじゃないか！」と強弁する人もいるでしょうが、その〝ちょっと〟が一〇〇人いれば、とてもちょっとではすまなくなるはずです。

三つ目が、「迷惑だ！」「何が迷惑だ!!」という水掛け論になりやすいものです。法制化もされておらず、実害もありませんが、見ている側が不快になる行為です。一般には、マナーとかエチケットと呼ばれるものが、これに該当するといえるでしょう。例として、電車内でのジベタリアンや、〝バカップル〟と揶揄される、公共の場で堂々といちゃつくカップルなどが、その典型になるかと思います。

数年前、駅の階段や電車の中で床に座り込む、ジベタリアンが社会問題になったことがありました。いわゆる〝やんちゃな〟若者たちが、電車の床にドシッと座り込んでいて、電車に乗ろうとしたときに驚いた人もいたのではないかと思います。

しかし、このジベタリアンを突き詰めると、何が問題なのか、説明がつかないところも確かにあるのです。そもそも、電車の床に座ってはいけないなどと、道路交通法や鉄道事業法に、明確に書かれているわけではありません。強いて挙げるなら、鉄道会社がマナー啓発の範囲で、「座り込みをしないで下さい」と、車内アナウンスする程度で、ジベタリアンを禁止すると、法律で規制されているわけではありません。また、ガラガラの電車内であれば、床に座ろうが、座席に寝そべったりしようが、他の人の邪魔にはなりません。つまり、ルール違反であるとか実害を被るといった、いわゆる〝錦の御旗〟を立てることができないのです。

それでも、多くの人がこれを迷惑だと断じるのは、恐らく議論の余地がないと思います。しかし、勇気を出してジベタリアンを注意しようにも、「そんな法律どこにあるんだ！ガラガラの電車の中で床に座って何が悪い!!」とキレられたら、一瞬返答に詰まる人もいるのではないでしょうか。

結局のところ、多くの人はこういう行為を見苦しいとか、みっともないと感じるのです。そして冒頭で述べた通り、こうした不快感こそが社会的迷惑の構成条件なので、ジベタリアンもいちゃつくカップルも、社会的迷惑であると考えることができます。

以上、社会的迷惑行為は、この三つのいずれかに該当するものと見なせるでしょう。ただし、この〝不快になる〟ことについて、曖昧な点が一つあります。それは、社会的迷惑の定義にもある「多くの人が不快を感じるプロセス」という中の〝多くの人〟が、果たしてどれくらいの人なのかという点です。

石田たち（二〇〇〇）は、ある行為を迷惑である・迷惑でないと認知するのは、どのような根拠に基づき、根拠をどのように分類し得るのかについて、四つにカテゴリー化しています。すなわち表1のような、「個人」「周囲の他者」「社会・公共」「ルール・規範」の四つです。

このカテゴリーを見ると、「ルール・規範」だけが異質なものであり、これは「明文化されたルールや法律に違反した行為」そのものといえます。対して「個人」「周囲の他者」「社会・公共」の三つは、いわば集団のサイズに関する分類といえます。

多くの人が不快というのが迷惑なら、一人が迷惑でも大多数が迷惑でない場合、その行

表1　迷惑と認知する４つの判断基準（石田たち，2000より）

カテゴリー	判断基準
個　人	（自分以外の）被害や不利益を被る他者への言及がなく，自分の立場のみから回答しているもの。
周囲の他者	（自分以外の）被害や不利益を被る他者に関する言及がされているが，その範囲が社会全体や公共性までには及ばず，状況の周囲の他者や特定の他者（社会）に限定されているもの。
社会・公共	（自分以外の）被害や不利益を被る他者に関する言及がされ，かつ社会全体や公共性という観点が述べられているもの。
ルール・規範	ルールやマナー，規範に関する言及はあるが，それ以上の言及がなされていないもの。

為は迷惑ではないのでしょうか。

そんなはずはありません。そうであれば、自分一人しかいない場面では、迷惑行為は存在しないことになるからです。二人なら、三人なら、一〇〇人なら多いといえるのでしょうか。

これは非常に難しい問題で、明確に何人以上が不快と感じたら、それを迷惑行為と認定する……といったような結論を出すことはできません。極端な話、迷惑に思う人・迷惑を被る人が一人しかいなくても、迷惑とされる行為はあります。もちろん、〝ちょっとくらい〟とか〝自分一人くらい〟……

といった、迷惑行為の許容についても同じことです。数や範囲の問題ではないのです。

中には、「そんなもの、迷惑だと思うのはお前だけだ！　何をくだらないことで騒いでいるんだ！」というケースもあるでしょう。しかし、「迷惑な人だなぁ」とか「これくらいなら許されるだろう」と自分が思う行為は、往々にして自分以外の人もそう評価するだろうと考えるものです。こうした認識は、フォールス・コンセンサスと呼ばれるものです。

ロスたち（一九七七）はフォールス・コンセンサスを、「自身の行動選択や判断は、多数派で適切なものであり、そうでないものは、外れ値で不適切と見なしてしまうというバイアス（歪み）」と定義しています。自分の考えが間違っているなどと自覚しながら、それを強硬に主張することはあり得ません。実際にそうなのかは関係なく、認識者はその判断が正しいものであり、みんなも同じことを考えるに違いないと思い込んでいるからこそ、迷惑だと断じることができるのです。

「自分が不快で迷惑に思うのだから、きっと周囲も迷惑だと感じるだろう」という思い込みは、不快になる人が一人であっても、迷惑と断じることができる鍵となる概念です。こうしたフォールス・コンセンサスは、「そんなの迷惑に決まっている」と考える上での拠り所となるからです。そして、他の人も迷惑だと思うに違いないと確信し、それ以上そのことについて考えたりすることもなく、自分の迷惑という認識を、本当に正しいのかなど疑ったりすることもありません。

もちろん、フォールス・コンセンサスは認知者側だけでなく、行為者側にも生じるものです。実態よりも、「これくらい構わないではないか」とか「自分以外の多くの人たちがやっていることだ」などという主張です。実際に吉武と吉田（二〇一一）が、迷惑行為に高い傾向のある人は、迷惑行為をする人の割合を高く推定する、すなわち迷惑行為をしない人よりも、「多くの人がやっている」と推定することを明らかにしています。

いわゆる認識の齟齬というのは、こうしたフォールス・コンセンサスによるところが大きいのです。行為者側は、普通は自分に都合の良い解釈をするために評価も甘くなり、主張の食い違いも生じやすくなります。本来、迷惑というのは他者が不快なのかどうかが主軸なのですが、私たちは不快になる人の数（サイズ）に、非常にこだわる傾向があります。

それは次に述べるような行為者からの観点から見た、迷惑であるととがめられたときの言い訳に、象徴されています。

●言い訳の類型

念のため申し添えておきますが、「誰にも迷惑をかけたことがない」とか「一度も迷惑な行為をしたことがない」という人はいません。それにも関わらず、他者から不快感を表明されたり、非をとがめられたりした場合、素直にこれを認め、謝罪できる人というのはあまりいないのです。行為者の多くは感情的になり、開き直って反論する、いわゆる〝逆ギレ〟と呼ばれる反応を示します。非があることを自覚しているにも関わらず、感情をあらわに反論するのは、普通に考えれば相手を怒らせてしまい、さらなる批判をもたらすにすぎず、合理的な振る舞いとはいえません。それでも多くの人が、こうした逆ギレをしてしまうのは、なぜなのでしょうか。これについては、認知的不協和と自己呈示の理論が、有用な示唆を私たちに与えてくれます。

認知的不協和について、フェスティンガー（一九五七）は、「互いに矛盾するような二つの認知要素があると、不協和が発生する。不協和は心理的に不快なので、人はそれを低減したり回避しようと試みる」と定義しています。広範な社会心理学的現象を予測できる上、日常的な常識に反する現象をきちんと説明できる、汎用性の高い理論です。これで、逆ギレをどう説明できるのでしょうか。

人々は、よほどアウトローな生き方をしたり、外れた価値観を持っていない限りは、自分が社会の一員として、適応していると思っています。しかし、自身の行為が他者に不快な思いをさせてしまった（＝迷惑をかけてしまった）場合、社会に適応しているという認知との間に、不協和が生じます。

しかし、相手に不快な思いをかけてしまったことは事実であり、〝相手は不快な思いをしていない〟という方向に、認知を変えることはできません。そこで、〝迷惑はたいしたことではない〟とか〝自分だけが迷惑をかけているわけではない〟などと認知を変えることで、不協和の低減を図るのです。逆ギレや反論は、行為をとがめられたり、非難されたりしたことで、社会に適応していないという評価を回避するべく、認知的不協和の低減を指向したものと考えられます。

もう一つの自己呈示というのは、「他者が私たちに対する印象を形成するときに使う手がかり（自分の外見や行動）を調整することによって、他者が私たちに対して抱く印象に影響を与えようとする」というものです（安藤 一九九四）。リアリィとコワルスキ（一九九〇）によれば、自己呈示の機能は、①望ましい結果の獲得と、望ましくない結果の回避、②自己評価の維持・高揚、③アイデンティティの確立、の三点に集約されます。また、テダスキとノーマン（一九八五）によれば、自己呈示は主張的な方略と防衛的な方略の、二つの側面に分類されます。

逆ギレは、〝迷惑なことをした人〟と評価されるのを回避しようという①に加え、批判をかわすことで自己評価を保とうという、②の機能も併せ持っています。そもそも逆ギレする人の多くは、自分の主張が正しいとか、間違ったことなどしていないと、本気で思っているわけではありません。ほとんどがバツの悪さを隠そうとしたり、その場を取りつくろおうとするがゆえに、一見正当性を伴った反論をしているだけなのです。

もっとも吉田（一九七四、一九七七）によれば、認知的不協和理論は心理的緊張状態であり、いわば無意識のプロセスです。意図的な印象形成を目的とした言い訳は自己呈示であり、この二つは区別されるべきでしょう。自己呈示は、自分に都合の良い部分を見せ、悪い部分を見せないという、冷静な判断に基づく選択的な方略なので、感情的になり、必死になっている逆ギレを、これで説明するのは無理があります。そんなふうに考えていくと、これを既存の社会心理学の理論で説明できるのかについては、まだまだ検討の余地があるのですが、迷惑行為をとがめられたときの反論は、おおむね以下の六つに類型分けができます（北折 二〇一三）。

1　「法律に違反しているわけではない、何も間違ったことはしていない」というパターンの反論。野次馬やジベタリアンなど、これに該当する迷惑行為はたくさんあります。妥当かどうかはともかく、明文化されていないケースでは、こうした反論の余地が生じてしまうものです。いうまでもありませんが、法律に反していないという意味で、ルール違反とはいえないかもしれません。しかし、それで不快になる人はいるわけなので、間違ったこと・迷惑なことをしているのは明らかです。

2 「誰の迷惑にもなっていない」という形の反論。短時間の駐車違反や、車がまったく来ていない交差点での信号無視などが、これに該当するといえます。わずかな時間や量なので、被害を受けた人はいないから、迷惑にはなっていないといった理屈です。この主張が厄介なのは、その根本的な意義が否定される点にあります。迷惑とされていた行為が、「誰も迷惑を被っていないのなら、ルールや規制は意味があるのか。なぜやってはいけないのだ！」と、その再定義に波及するからです。実際のところ、短時間で少数とはいえ、不快な目に遭っている人がいる可能性はあります。何よりも、ルール違反や迷惑行為に対する抵抗が下がるので、別の場所でも「誰の迷惑にもなっていない！」などと、迷惑行為を繰り返し、やがて迷惑をまき散らす常習者になっていきます。そう考えていくと、この主張も正しくないようです。

3 「自分以外の他者も、違反をやっているではないか」「みんなやっているのに、どうして自分だけがとがめられるのだ」という反論。テレビの警察密着番組などで、スピード違反で捕まったドライバーなどが、「他の車〝も〟スピードを出しているじゃないか！どうして自分だけを捕まえるんだ‼」などと、警察官に噛みついている場面をよく目にします。この反論は、自身が違反をしているのを認めつつ、周囲も自分と同様に違反をしていると、ターゲットをそらせようという試みです。もちろん、これは正当性主張の根拠とはなり得ません。

4　自身の迷惑行為は重大なことではない、他にもっと重大なことがあるではないかという形の反論。先日ニュースで見かけたのが、金銭的な余裕がありながら、子どもの給食費を払わない親に対するインタビューでした。この中で、給食費を払わない親の言い分が、「今の政治家たちのほうが、賄賂など多額の不正をしている。私たちのような少額の給食費未納を問題にしているが、どうしてそちらの襟を正さないのか」……というものでした。これも、自身の不正を認めている点は3と同様です。異なるのは、その非を相対的に小さく見せることで、ペナルティを回避しようという意図が働いている点です。もちろんこうした主張を聞いて、納得できる人など皆無でしょう。実害として食材費が工面できず、弁当の持参に追い込まれたケースも起きています（図4）。

5　まずいとわかっていながらとがめられた場合に、「悪意はなかった」などと、相手の寛容な対応に訴える形の反論。迷惑行為やルール違反は通常、警察に違反で捕まる・周囲に怒られるといった、行為をとがめられる確率が低いと判断した場合に実行されます。しかし、運悪く（?）見とがめられてしまった場合、「悪気はなかった」と主張すれば、自身の誤りは認めているので、相手の不快感は低減されます。これはいわば、制裁の軽減

滞納で中学給食中止

熱海で先月下旬 納付生徒も弁当

熱海市の市立中学校1校で1月下旬、給食費の滞納がかさんで食材が工面できなかったとして1日だけ給食を休み、生徒に弁当を持参させていたことが24日、わかった。この中学校では25日にPTA総会を開いて校長が保護者に経緯を説明し、「きちんと支払っている生徒も含め一律に給食を休んだのは、公平性の点で問題があった」として謝罪する。

市教委によると、この中学校では給食費の未納額が2010年度は昨年12月末現在で約46万円と、09年度同期の2倍以上に上り、食材費のやり繰りに窮する事態になった。このため、年間184日の給食実施日のうち1～3月の計4日間給食を実施しないことを決め、全保護者に通知した。

直前になって知った市教委が学校に指示してやめさせたが、1回目だけは給食の準備が間に合わず、校外学習で元々給食のなかった2年生を除き、1、3年生全員に弁当を持参させたという。その後、給食費を納める保護者も出て、滞納の状況は改善に向かい始めたという。

同市の給食費は小学校は月4000円、中学校は同4800円。小・中学校を合わせた09年度の滞納額は約57万円だったが、10年度は昨年12月末現在で約116万円、累計では約500万円に上っている。市教委は「子ども手当からの天引きも検討したい」としている。

図4　給食費滞納が引き起こした給食の中止
（読売新聞 2011 年 2 月 25 日付）

を狙った方略であり、行為が迷惑であることを認めた上での、防衛的な主張といえます。それゆえ、以降も行為を継続すれば、「反省していない！」「悪いことだとわかっているんじゃないのか！」などと、より厳しいペナルティを科されることになるので、行為の継続はできません。

6　「迷惑になるとは思わなかった」「ダメだと知らなかった」など、やってはいけない行為と気がつかなかったとする反論。これは、本当に知っていたかどうかは関係ありません。ただ「知らなかった」と主張することで、自身の非を最小化するのを狙った方略です。つい夢中になって写真を撮っていて、「ここは撮影禁止ですよ！」と注意されるケースなどが、これに該当します。気がついたら撮影禁止の場所に入ってしまっていたこともあれば、撮影中に気がつきながら、「ちょっとくらいいいか……」と、シャッターを押し続けたパターンもあるでしょう。これも、「知らなかった」と言った時点で、行為に非があるのを自覚したことになり、以降の行為は継続できません。

以上六つの反論について、この中で相手に「迷惑ですよ！」と言えば片づくのは、せいぜい5と6だけです。基本的に、まずいとわかってやることは、オドオドしながらの後ろめたさを伴うので、それを指摘されれば萎縮するからです。また、迷惑だと本当に気がついていないケースも、それを自覚した時点で強い後ろめたさを感じるのが普通でしょう。

したがって、問題をこじらせたり被害者を怒らせたりするのは、1～4の四つになります。自身の間違いを認めない歪んだ正当性ですが、それでもある種の「錦の御旗」として、主張に根拠を与えられるため、ただちに行為を反省できないのです。むしろ、たいしたことではないとか、誰の迷惑にもなっていないと思っていれば、「迷惑ですよ！」と指摘する存在のほうこそ、迷惑な存在だととらえることもできます。注意した相手をにらみつけたり、くってかかったりする背景には、こうしたメカニズムがあると考えられます。

本当に抑止しなくてはいけないのは、これら四つの反論なのですが、心から納得させたり、反省させるのは非常に難しいことが、おわかりいただけると思います。考えなくてはいけないのは、迷惑行為を見かけたときに行う、相手を納得させることなど考えず、頭ごなしに威圧的に、腹立たしさをぶつけるような対応です。逆ギレされたり、逆恨みされたりすることを恐れず相手に指摘する人は、舌打ちされたり、にらまれたり、反論されたり、無視されたりしたら、カッとして感情的に対応したり、強い言い方になるのは想像に難くありません。

前述した、野次馬行為をとがめられた人の中にも、「自分の家に火が燃え広がってこないか、ちょっと確認しに来ただけだ！」「たまたま通りがかっただけだ。他のみんなも見てるじゃないか！」などと、食ってかかる人もいるでしょう。それならば家財道具を運び出すとか、他にやることがあるというものです。自分も含めたたくさんの野次馬こそが邪魔なので、みんなが見ているというのは理由にならないのですが、逆ギレする人たちは、そこまで思いが及ぶことはありません。ことわざで「盗人にも三分の理」といいますが、矛盾していようがなんだろうが、こじつけてやれば理由はつけられるものなのです。

いずれにしても、他人を不快にさせて平気でいたり、平然とルールや決まりごとを破る人の心理は、なかなか理解しがたいものです。こうした行為者の心理について、社会的迷惑の領域では、社会考慮という概念からアプローチがなされています。

●社会考慮について

斎藤（一九九九）によれば、社会考慮は「個人の生活空間を『社会』として意識している程度、または複数の個人からなる社会というものを考えようとする態度」と定義されています。社会を考慮していない人は、個人の生活を優先し、極端な場合は利己的基準にしたがった行動をとるというわけです。

社会考慮は、表2のような一三項目で構成されています。概観すると、自身の行為が社会にどのような影響を及ぼすかを考えることがある、とか、世の中の成り立ちなどを考えることがある、といった項目で構成されています。社会考慮得点が高い人ほど、ルール・マナー違反行為を迷惑と認知する傾向が強く、そのような場面を目撃しても、それを放置しないことが明らかになっています。「見て見ぬフリをしたら、嫌な思いをする人がたくさん出てしまうから、勇気を出して注意することが必要だ」などと、自身が不快な思いをしたかどうかを超えて、全体を見渡した対応ができるのです。

元吉（二〇〇二）は、西暦二〇〇〇年問題に対する認知・対策行動と、社会考慮との関

表2　社会考慮尺度13項目（吉田たち，1999より）

項　目
1. 自分の行動がいかに社会に影響を与えているのかを考えることがある。
2. 自分が暮らす社会全体のことについて考えることがある。
3. 社会がいかに成り立っているかということについて考えることがある。
4. 自分の行動が，同じ社会に暮らす他の人々にいかなる影響を及ぼすかを考えることがある。
5. 社会全体がどのような方向に動いているかということに関心がある。
6. 自分の暮らす社会が将来どのようになっていくのか気になる。
7. 社会の変化が，自分の生活にどのような影響を与えるのかを考えることがある。
8. 自分の行動が，同じ社会に暮らす他の人々にどのように受けとめられるかを考えることがある。
9. 自分の暮らす社会で今なにが問題になっているのか気になる。
10. 自分の生活と社会の仕組みがどのように関連しているのかを考えることがある。
11. 社会の中で，自分はどのように行動すべきなのかを考えることがある。
12. 社会の中で，自分がどのような立場におかれているかを考えることがある。
13. 社会の中で，自分とは異なる立場にいる人々のことについて考えることがある。

連を検討しています。これは、プログラム内で日付を扱う際の年数の表現を、下二桁で行っていたプログラムがあったことで、コンピュータが西暦二〇〇〇年を一九〇〇年と見なしてしまうのではないか、という問題でした。データベースの日時がこの形式であった場合、二〇〇〇年になったとたん一〇〇年戻ってしまうわけですから、金融機関などを中心に、大きな問題が生じるのではないかと心配されました。

幸い、社会が大混乱に陥るような問題は生じませんでしたが、元吉の研究では、通帳への記入や灯油・ガソリンの備蓄などを、社会考慮が高い群のほうが多く実施していました。二〇〇〇年一月一日をまたいだ二回の調査から、社会考慮の高い人々は、低い人に比べて、情報公開に関する高い欲求や関心を持ち、実際に災害への対策行動を行っていたのです（図5）。

二〇〇〇年問題と、迷惑行為の間にどんな関係があるのか、不思議に思う人もいるかもしれません。しかしこのとき、本当に預金が引き出せなくなったり、ガソリンや灯油の供給が止まってしまっていたら、どうなっていたでしょうか。銀行に通帳を片手に我先にと押しかけて、復旧の大きな妨げになっていたかもしれません。買い占めに走ることで、必要としている人に行き渡らなくなる可能性もあります。

一九七三年の石油ショックや、最近では二〇一一年の東日本大震災が起きた直後に、な

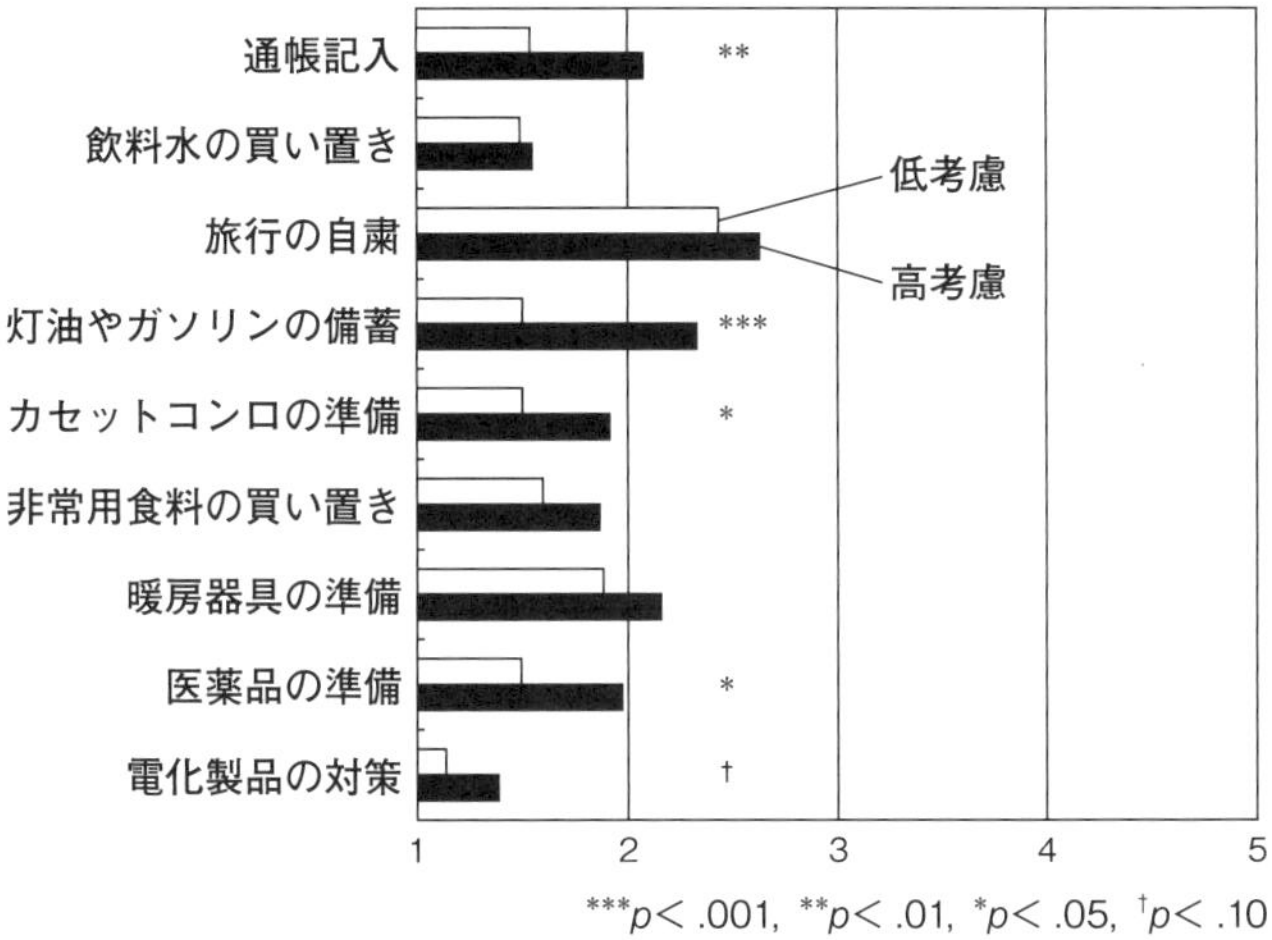

図5　2000年問題対策実施度の社会考慮の高低による比較
（元吉，2002より）

ぜかトイレットペーパーの買い占めが起きました。「店で売っている物を買うことの、いったいどこが悪いのだ！」と言う人もいるでしょう。しかし、震災後のニュースで、「家にあるけど、なくなるんじゃないかと思って買っちゃうんですよね～」と、カートにトイレットペーパーを大量に乗せ、笑顔で話す人を見て、ちょうどトイレットペーパーを切らしてしまい、困り果てていた筆者は、強い不快感を覚えました。だからこれも、迷惑の定義に基づけば十分に条件を満たしています。

買い占めをとがめられて、「自分一人くらい、たいした量ではない！」とか、「みんなやっているではないか！」などと逆ギレをする人もいるでしょう。自分一人はたいした量の買い占めでなくても、みんなが買い占めれば、スーパーからトイレットペーパーは消えてしまいます。見事に語るに落ちているのですが、そこまで思いが及ぶことはありません。

元吉の研究では、社会考慮が高ければ、備蓄行動や事前準備などのリスクヘッジを行っていたわけですから、迷惑行為を回避する取組みをしていたと解釈できます。社会考慮は、自身の行為がどういった範囲に及ぶのかとか、どういった影響を及ぼすのかといったことに、思いを至らせる程度を測定しているといえるでしょう。短時間の路上駐車が、他の人たちにどういった影響をもたらすのかとか、好奇心に任せた野次馬行為が、現場での消火活動や捜査を行う警察官の邪魔になることまで思いを至らせることができれば、路上駐車を止めたり、火事を見に行くのを控えたりできるのです。

このように考えていくと、社会考慮を高めていく教育やトレーニングが、社会的迷惑行為を減らすことにつながる可能性を秘めています。ただし、宗方たち（二〇〇六）による、社会考慮尺度に関する縦断調査の知見は留意しなくてはなりません。これは、大学新入生が卒業するまでの四年間で七回にわたって行われました。対応のある一要因分散分析を実

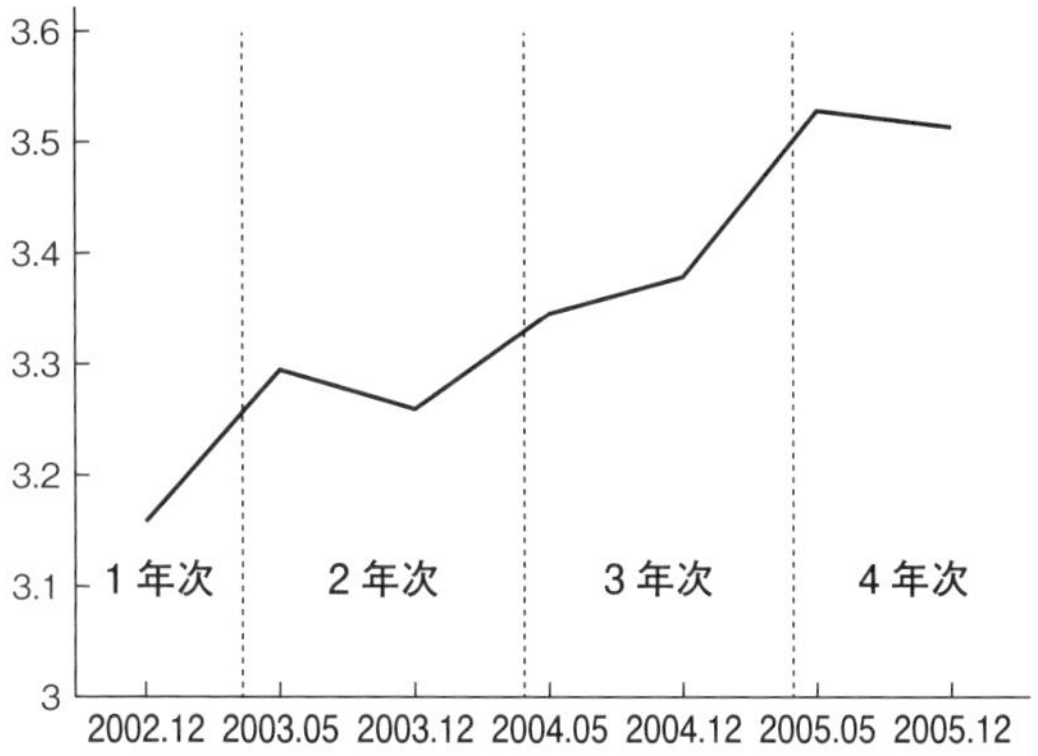

図 6　学年進行で見た社会考慮得点の推移（宗方たち，2006）

施した結果、七回の調査間で有意差が見られ（$F(6, 506) = 2.22, p < .05$）、第一回から第六回の調査まで上昇傾向を示していました（図6）。ただし、二〇〇五年一二月における、卒業前の最終調査では数値が少し低下し、ピークが二〇〇五年五月時点（四年次）となっていたのです。

結果を解釈すると、社会考慮が大学生活を通じ、コンスタントに顕著な上昇を示すものではありませんでした。学年進行よりも、キャリア教育やインターンシップ、就職活動を経験することが、個人の行動が及ぼす影響や社会との関連を意識し、それが社会について考えるきっかけとなっているようなのです。最後の調査で若干数値が低下しているのは、就職活動が終わり、卒業論文などの学内行事に忙殺され、社会との関わりが低下している時期だからと解釈できます。いずれにせよ、社会考慮は永続的な個人特性というより、自分がおかれた立場や状況によって変動し得る、社会に対する意識・認識である可能性があります。

換言すれば、社会考慮は身近にいる他者のみならず、社会全体といった広い範囲の対象を意識し、個人と社会とのつながりについて考える程度の指標です（高木 二〇〇五）。社会的迷惑を行っても平気な人は、こうしたつながりを意識していないとも考えられます。そんなつながりについて、状況要因の観点から、もう少し考えてみたいと思います。

●バカッター騒動

ここ数年、ツイッターなどで自らの迷惑行為をさらして炎上させてしまう、いわゆる〝バカッター騒動〟が、巷を騒がせています。これは、スマートフォンやツイッターのようなSNSが広く普及したことに伴う、新たな社会的迷惑の一形態といえます。

まず大前提としなくてはならないのは、ツイッター騒動で炎上したさまざまな迷惑行為は、最近急に出てきたわけではない点です。アイスクリームのケースに入ったコンビニ店員や、回転寿司の醤油差しを鼻の穴に突っ込むといった行為は、見かけたら非常に不愉快ですし、次に使う人やお店に対して、多大な迷惑を及ぼします。しかしこれは、ツイッターというツールが広がるまで、直接目にする機会がなかっただけなのです。これまでも、お客さんがいないときや店員さんが見ていない隙に、グループのお調子者が悪ふざけしたり、粋がった馬鹿な行為で友人たちを笑わせて、喜んでいたはずです。悪質・迷惑の程度に差はあれど、多くの人が目にしたり、もしかしたら身に覚えのある構図だと思います。

これまでは、そういったことがあってもその場でゲラゲラ笑っておしまいでした。しかし、スマートフォンの普及とツイッター利用の広がりにより、そういった場面を簡単に切り抜いて、インターネットを通じて拡散できてしまうようになったことが、バカッター騒動の鍵なのです。騒動の背景には、二つの大きな認知のズレが作用しています。すなわち、自分たちのグループ以外の人に思いが至っていないことと、社会の広さを想定できていないことです。

思いが至っていないというのは、ツイッター騒動の当事者たちが、自身の馬鹿な行為を「みんなも喜ぶだろう」などと、誤った認識をしていることを意味します。確かに、友人の前で多少の悪ノリをしても、多くの場合は「バカだなぁ～」ですまされ、笑って楽しんでもらえることも多いでしょう。しかしそれは、あくまで友人同士の内輪での話であり、見ず知らずの人が食材の上に寝転がっている写真を目にしても、喜ぶ人など誰もいないのです。

こうした意識のずれは、社会的アイデンティティの観点から説明できます。タジフェルとターナー（一九八六）によれば、人は自分自身を集団の一部として自覚し、集団と一体化していると認識しながら行動します。こうした集団との一体感を、社会的アイデンティティと呼び、その一体化している集団の評価を高めようとする、内集団びいき現象が起きやすいことは、よく知られています。

つまり、メンバーが発する冗談や悪ノリは、内集団であるがゆえに笑ってすまされているだけなのです。これは、悪ふざけをして大喜びしているグループの一員として、共に楽しく笑うことにより、集団の凝集性も高まるという、メリットのほうが大きいことによります。しかし、それは集団の中だけの話であり、それ以外の人たちからは、「馬鹿なことをやって、何を喜んでいるんだ！」と批判されることになります。それに気がついていないのです。

そしてツイッターには、リツイートという機能があります。これは、他のユーザーのツイートを、そのままあるいはコメントを付け加えて、自分がツイートできるというものです。バカッター騒動が広がった原因は、この機能に集約されると考えられます。

具体的に、高校時代の友人が集まって同窓会を開き、お酒を飲んでいるシーンを例に考えてみましょう。酔った勢いでつい気が大きくなり、醤油差しを鼻の穴に突っ込んで、Vサインをしているところをスマートフォンで撮られてしまったお調子者がいたとします。苦笑いで見ていたメンバーも多いでしょうが、その場で不快であることを主張したり、迷惑だとたしなめる人はほとんどいないはずです。そんなことをすれば、場がしらけたり、雰囲気が悪くなる恐れがあるからです。

そんな状況で、大受けした友人の一人が、参加できなかった友人に見てもらおうと、「コイツ相変わらずバカだよなぁ（笑）」などというコメントを付けて、その一コマがツイートされたらどうなるでしょうか。ツイートをフォローしている、同じ高校の同級生であれば内集団になりますから、「本当に相変わらずあいつバカだなぁ、でも楽しそうだなぁ……参加したかったなぁ……」と、笑っておしまいかもしれません。

問題は、ツイートをフォローしている中に、友人の大学や職場の知り合いがいたり、リツイートされて、まったく知らない人がそれを目にした場合です。これらの人は、鼻の穴に突っ込まれた醤油差しを見ても、「きったねぇなぁ！　あれを使うのは絶対嫌だ。どこの店だよ!!」……といった不快感しかありません。「きっと自分が面白かったんだから、他のみんなも笑ってくれるに違いない」などと考えることが、根本的な間違いなのです。

もう一つの、社会の広さを想定できていないというのは、ツイッターに書き込んでネットに公開してしまった結果、日本中に広がるということが、どういったスケールのことなのかまったく想像がつかない、もしくは想像したことすらないということです。あえて矛盾した表現をしますが、〝日本中〟というのは想像以上に広く、しかし狭いものです。

広いというのは、私たちは日本中の人というのが、どれくらいのスケールなのか想像がつかないという意味です。総務省統計局（二〇一五）による二〇一五年一一月の人口推計では、日本の総人口は約一億二七〇〇万人だそうです。日本中に自分の悪ふざけが知れわたる（＝一億二七〇〇万人が自分の悪ふざけを目にする可能性がある）ことが、どんなスケールなのか実感できる人は、恐らくいないでしょう。

例えるなら、名古屋から東京へ新幹線に乗って、車窓から見える家々すべての人の、その何十倍・何百倍の人が、自身の悪ふざけを目にするということです。東京ドーム〇個分という表現がありますが、東京ドームのホームページを見ると、その収容規模は五万五〇〇〇人となっています。日本国民全員を収容するには東京ドームが約二三〇〇個必要になるのですが、東京ドームが二三〇〇個並ぶという規模を、想像できる人はいるでしょうか？　そして、そのすべての人々が自身の愚行を知り、不愉快な顔をするのです。友人内での内輪受けがバレて学校中に知れわたったとか、身内で秘密にしていたことが近所に知れわたって恥ずかしいというのとは、次元が違う話です。日本中の人から後ろ指を差される可能性を考える、そこまで思いを至らせることができれば、ツイッターに悪ふざけを書き込むことなど怖くてできないでしょうし、そもそも騒動の元凶になるような行為もしないはずです。

もう一つの狭いというのは、ネットワークのつながりです。これはミルグラム（一九六七）によって提唱された、〝六次の隔たり〟（six degrees of separation）という概念に象徴されます。ミルグラムは手紙を、カンザスからケンブリッジに住む神学生の妻や、ネブラスカからボストンに勤務する株仲買人に、友人や知り合いを媒介して本人に届けるように依頼するという実験を実施しました。もちろん、始めに手紙を託される対象者は、神学生の妻や株仲買人とはまったく無関係であり、完全にランダムに抽出された、かなり遠距離にいる二人が、何人媒介すればつながるのかを明らかにしました（図7）。

その結果、おおむね平均して六人の人を媒介すれば、本人に到達するということが示されたことから、small world phenomenon（小世界現象）という言葉が生まれました。この観点から見れば、まったく無関係に見えるような日本中のありとあらゆる人に、比較的簡単につながることができる・つながっていることになります。文字通り「世間は狭い」のです。

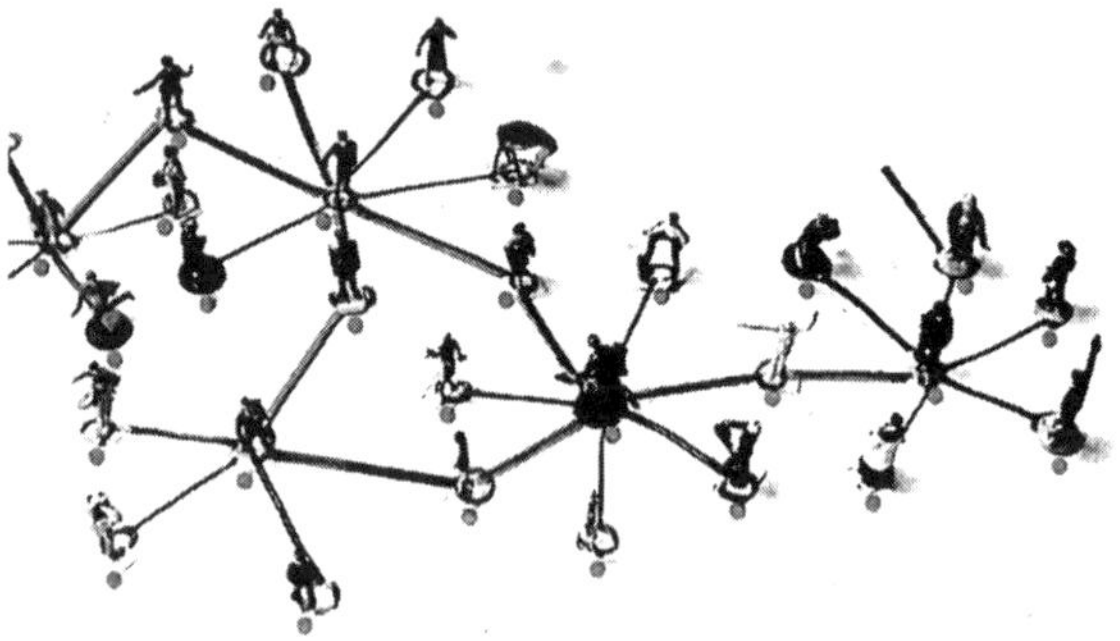

図7　6次の隔たりのイメージ（ミルグラム，1967より）

同じような研究を、日本では三隅と木下（一九九二）が行っています。この研究では まず、福岡市西区の住民台帳から無作為に二〇〇名の成人男子を抽出し、さらにランダムに一〇〇名ずつに分けました。その上で、実在のX氏（知名度の高い企業）とY氏（知名度の低い企業に勤務）を対象として、ミルグラムと同じような手法を用いて、到達率・到達ステップ数を検討しました。なお、X、Y氏とも男性で四〇歳前後、大卒課長で家族構成も同じだったのですが、この研究では表3の通り、平均七・二ステップで、二七・五％程度の到達率を示しました。

これは世間の狭さを証明しているといえるでしょうが、到達率約二八％はあまりにも低く、七割以上のネットワークが到達しなかっ

表3　ネットワークの到達ステップ数と到達率（三隅と木下，1992）

	ステップ数	連鎖完成率
X氏（知名度の高い企業）	5.5 ステップ	29.0%
Y氏（知名度の低い企業）	9.2 ステップ	26.0%
合　計（両方合わせた数）	7.2 ステップ	27.5%

※X氏とY氏の間でステップ数のみ有意差あり。

た点は問題です。トラバースとミルグラム（一九六九）でも、ミルグラムの実験では二一七通のうち、到達したのが六四通にすぎなかったことが指摘されています。こちらも、二九・五%程度の到達率です。近年は、プライバシーや個人情報の保護が叫ばれるようになったので、同様の実験を実施することは、非常に困難になってきています。もう少し到達率が高かった場合、どの程度のステップになるのかはまったく未知数ですが、安田（二〇一〇）の「倫理的な最低ラインとして、人間とそのネットワークが対象の場合には、犯罪などの極めて特殊な場合を抜き、対象の利にならぬ調査・分析は行うべきではない。技術的に可能なことと、研究して良いこと、研究して面白いこととは必ずしも一致しない」というのが、本質をとらえているように思います。研究成果を得たいがための強引な調査は、好奇心に翻弄された野次馬行為と何も変わりません。

ともあれ、ほんの数ステップで日本中の人とつながっていることが、データで示されているのは事実です。考えなければならないのは、自分の迷惑行為を見ている人が、ほんの数ステップで近い人につながってしまう可能性です。「旅の恥はかき捨て」ということわざもありますが、たとえ遠方でも、ほんの数人を媒介しただけで、「アイツあのときの！」……となる確率は、ゼロではありません。日常生活を営んでいる、狭いエリアであるならば、なおさら確率は高くなるのです。そんな可能性まで思いが至れば、やはり迷惑な行為をまき散らすようなことはできないと思われます。

●迷惑とは考えないこと

以上、迷惑行為とは何かについて、三つの観点から説明してきました。社会的迷惑行為に関する研究は、まだ知見の蓄積が進んでいる途中であり、学会でもさまざまな研究成果が報告されています。そんな発表を拝聴し、議論をする中で出した筆者の結論は、「迷惑とは考えないこと」です。

他の研究者と話をしているとき、よく話題に上がるのが「(迷惑なことをしているのに)悪いと思ってない」とか「迷惑なことをしていると思っていない」といった、認知者側からのコメントでした。

しかし違うのです。そもそも迷惑とは考えないことと同義なのです。もっともこれには、二つの〝考えない〟パターンがあり、両者は区別される必要があります。すなわち、「周囲に対する影響力を考えない」ことと「悪いこと、まずいことであると考えない」ことの二つです。

「周囲に対する影響力を考えない」の中には、そもそも迷惑をかけている自覚がないとか、自分の利便にしか思いが至っておらず、他者への配慮が欠けているケースです。悪いことをしているという自覚がないのです。

本人に悪意もないので、指摘されても「え! 何か悪いことした!?」とか、「何が悪いの?」という反応を示し、それが相手に強い不快感をもたらします。こうしたパターンには、はっきりと迷惑であると気づかせてあげること、または自身の行為が迷惑であることを考えさせることが、迷惑行為を抑止したり、ルールを守るようになる鍵となります。

二つ目の「悪いこと、まずいことであると考えない」というのは、言葉通りの意味ではありません。いったん良いか悪いかを考えた結果、それ以上考えることを、いわば放棄した状態です。一応、自身の行為が他者に及ぼす悪影響に思いが至っており、多少の後ろめたさも伴っています。

すなわち、「自分にとって都合が良い行動をとりたい」という誘惑と、「その行為が他の人に不快な思いをさせるかもしれない」の間で、判断の迷いが生じているのです。そして、迷惑が及ぶというのはあくまで可能性であるというのが、行為に至る後押しとなります。短時間の路上駐車なら、その間に車が通るかもしれないだけですし、野次馬も、たくさんの人が集まってきたら邪魔になるかもしれないというわけです。確実性が低い分、自身に都合が良いように「他者に迷惑はかからないだろう」と、認知を都合良く変えるのです。

こうした自分に都合が良いほうに解釈するときに、多くの人が使うセリフが、「まぁいいか」です。これは、自身の行為が迷惑を及ぼす可能性を把握しながら、それ以上考えることを放棄したときに発する一言です。色々考えることを放棄するというのは、結局はそれ以上考えないことを意味します。

以上の説明で、〝迷惑とは考えないこと〟の意味が、おわかりいただけたと思います。なおこれらは、言い訳の類型と対応するものではありません。たとえば、薄々迷惑をかけるとわかっていながら、指摘されて「知らなかった」と主張するケースもあるからです。それも含めて、「迷惑とは考えないこと」なのです。

次章では、そうした〝考えない人たち〟にとって駄目なことの根拠となり、迷惑行為を規制する理由となる、社会規範からの逸脱行為についてまとめていきたいと思います。

2・逸脱行為とは何か

●社会規範とは

逸脱とは、ある基準や平均値から外れることを意味します。なので、逸脱行為は何かと定義するなら、「ある基準や平均値から外れる行為」ということになります。では、〝ある基準や平均値〟とは何を意味するのでしょうか。

ここでは社会心理学というよりも、いささか社会学的な視点になりますが、逸脱行為について考えてみたいと思います。ルールを守る・破るといった視点に立った場合、社会規範からの逸脱行為というのが、これまで社会心理学ではおおむね同義として扱われてきました。そこでまず、逸脱行為とは何なのかを論じる土台として、社会規範とは何かを考えてみたいと思います。

そもそもなぜ、社会規範というものが存在するのでしょうか。これは深い哲学的な問いかけのようですが、その理由は単純です。人類がもともと、集団生活をする種であるという、この一点につきます（バウマイスターとリアリー　一九九五）。

ヒトが、もしもネコのように単独行動をとる種であるなら、社会規範が形成されることもなかったでしょう。その代わり、生き残って種を残していくためには、ひたすら健康で、強くあり続けるしかありません。集団生活をしないのであれば、自由と引き換えに、すべて自分で何とかしなければならないのです。

それに比べて、人間は社会の中で、個人の能力・労働力を、特定の分野に投入するだけでいいのです。お金という共通尺を用いることで、分業が図れるからです。お金には、価値の保存といった側面に加え、交換の円滑化という重要な機能があります。お金がなければ、たとえば漁師さんは魚をたくさん捕ってきても、それが欲しい人たちを探し出して、魚が傷まないうちに物々交換しなければなりません。しかしお金があれば、そういった不便はすべて解消されますし、魚を捕るという役割に全力を投入することができるのです。魚を売ったお金で、お店で食べ物を入手できるので、食料の確保に奔走する必要はありません。財産や生命を脅かす輩が現れても、一一〇番通報すれば、税金によって維持されている警察が駆けつけてくれます。病気になっても病院に行けば、適切な治療を施してもらえるし、薬局で薬を買うこともできます。

ただし、こうした分業をする以上、すべての人間は、社会の構成員であることを免れなくなりました。そして、特定の価値観を強要したり、自己の利益のみを追求し、他者のことなどどうでもいいという人は、社会全体に不利益をもたらす存在となります。

そこで、社会の秩序を維持し、利益や権利を等しく保障する上で、個人の行動を一定の枠組みで規制することが必要になってくるのです（チャルディーニたち 一九九九）。こうした規制が社会規範として、行為の明白な指針として機能するようになったというわけです（プラトカニスとアロンソン 一九九八）。規制がなければ、ただ腕力の強い者だけが幅をきかせ、老いてくればその地位も脅かされることになります。バス（一九九〇、一九九一）がいうように、規制を求めたり、維持しようとしたりすることは、人類にとって生存競争・生殖の両側面において、メリットがあるのです。

●社会規範の所在について

そんな社会規範ですが、実は「社会規範とはどういうものか？」という点が、きちんと定義されていません。専門的な言い方をすれば、その所在が曖昧なままなのです。具体的に大きく分けて、「外在化された基準」と、「内在化された信念」というふうに二つの見方があり、これらを恣意的に用いてきたため、社会規範が何なのかについて混乱を来しているのです。それぞれがどういうものか説明すると、次のようになります。

社会規範を外在化された基準であるとする定義は、所属する集団やおかれた状況がもたらす、個人への行動期待であるという考え方です。社会心理学の過去の研究を見てみると、「特定の集団や組織のメンバーとしての行動期待を指す」（クックとサマル　一九九三）や「社会の構成員に理解（共有）された、場合によっては法などの強制力を伴うルールや基準である」（チャルディーニとトロスト　一九九八）などが該当します。これに基づけば、法律などは、明白な外在化基準である社会規範になります。

そして重要なことが、外在化された基準であるとは、その拘束性が強制力によるものであり、逸脱行為への対価として、制裁が科されることになります（小関　一九九七）。これは、「知らなかった」ではすまないことを意味します。個人が法律を理解しているかどうかは関係なく、明文化されている以上、逸脱すれば制裁が科されてしまうのです。

ところでシュワルツ（一九七八）によれば、法律は社会集団における期待や責任を提示すると同時に、逸脱行為に対する制裁も併せて明文化されています。しかし、すべての外在化された基準が、法律の形で明文化されているわけではなく、〝法律＝社会規範〟とも言い切れないのです。法律でもないのに従うことが求められる、慣習のようなものもありますし、これを破れば制裁が科されることもあるからです。

たとえば、日本ではほとんど見られませんが、海外ではチップという慣習がある国もたくさんあります。もちろん、チップは法律で支払いが決められているわけではありません。オップ（一九八二）がいうところの、それぞれの国や社会・文化圏で共有された、ある種の合意（コンセンサス）のようなものにすぎません。

しかし、チップを払わなければ「チッ（……ケチな客だ）」と、舌打ちされることもあるでしょうし、嫌な顔をされたり、場合によっては店員とのトラブルにもなり得ます。こうした白眼視や嫌な対応も、ある種の制裁的な意味合いを持っていますし、「日本人はケチで駄目だ」などと、いわれのない嫌がらせを受けることもあり得ます。自分以外の日本人が、チップを払わないことで、ショーハムとラハーブ（一九八二）がいうところの、〝烙印〟を押されてしまうわけです。

もう一つ、社会規範を内在化された信念とする定義は、行動判断に対する個人の判断基準であるという主張です。簡単にいえば、理性や自制心のようなもののことです。「これはやってはいけないだろう」とか、「このくらいまでなら良いだろう」などといった、良い・悪いといった判断こそが、社会規範に基づく基準だろうというわけです。

これがどのように説明されているかを見てみると、たとえばシェリフとシェリフ（一九六九）では、「社会規範とは、固定化された基準ではなく、受容可能な行動の『緯度』である」や、「規範的情報は記憶の中で活性化され、イベントの決定に影響を及ぼす」（ファシオ　一九九〇）などと定義されています。つまりは、個人の価値観をもとに形成される、個人規範（シュワルツ　一九七八）と呼ばれるものに近い、内在化された信念というわけです。

こんなふうに考えていくと、社会規範とは何か、ルールとは何かについて、あとからあとから例外が出てきて、わけがわからなくなってくるのです。

ともあれ、これらの主張をまとめてみると、表4のような感じになるのですが、いったい社会規範をどういうものととらえればよいのでしょうか？

論点を整理すると、当たり前ですが外在化された基準でなければ、ルールとして成立しませんし、社会規範として共有され得ません。共有されたものでなければ、それは〝一人で勝手に良いと思ってやっている行為〟にすぎないのです。しかし、個人が従うかどうかという観点から見れば、これを内在化していなければ、判断の指標とはなりません。知らないルールに従うということは、基本的にあり得ないからです。なので、所在に関する議論としては、どちらの視点も必要不可欠であり、どちらか一方の視点で論じると、そこに

表4　社会心理学研究における社会規範の定義

文　献	社会規範の定義
【外在化する基準や期待】	
1. Moos（1973）	すべての規範は特定の社会的背景の下で機能するものである。
2. Ross（1973）	社会において行動を示すような文化的ルール。
3. Staub（1972）	規範とは，社会集団において望ましいとされるような一般的な期待を指す。
4. Thibaut & Kelly（1959）	ルールとはさまざまな状況下において，とるように期待されている行動を個人に対して示すものである。
【内在化された信念】	
5. Opp（1982）	日常の中で，ある状況で特定の行動を繰返しとることを目撃すると，そういった行動が「似たような状況ではそういうような行動をとるべきだ」というふうに認知される。
6. McKirnan（1980）	規範とは「適切と思われる行動への期待」と「逸脱している個人の行動へのステレオタイプ」である。
7. Popenoe（1983）	規範とは，特定の状況下でどう人が行動し，考え，感じるかである。
【両方を含む定義】	
8. Berger & Luckman（1966）	規範は共有された信念である。個人の心理的構造と，個人が所属する社会文化的構造の観点から考察されねばならない。
9. 園田たち（1996）	社会規範は個人を超越して社会性を有するのであり，しかも個人に内面化されることが不可欠なものである。

混乱が生じるのです。

たとえば、「自分は一日一時間英語の勉強をしなければならない」という信念を、あなたが持っていたとしましょう。大学院生であれば、国際学会で発表したり、英語論文を執筆するために、こうしたスキルを磨くことは非常に重要でしょう。グローバル化が進む日本社会では、すでに社内の公用語が英語になっている企業もあります。

しかし少なくとも、今の日本では英語の学習が望ましい行為であっても、〝一人で勝手に良いと思ってやっている行為〟の域を出ていません。英語を勉強するという信念は、社会規範とはいわず、個人の価値観の範疇なのです。もっとも、今後グローバル化がどんどん進み、〝英語がしゃべれなければ人にあらず〟という状況になれば、話は別です。英会話学校に人が殺到し、「おまえ英語しゃべれないの？」といった白眼視が、制裁的な意味合いを帯びてもくるはずです。現状では、そこまでに至っていないというだけのことです。

ともあれ、社会規範は行為が社会的に意味づけされ、個人を超えて社会性を有していない限りは、成立し得ないのです。他者と共有されていることが前提であり、そういう意味で社会規範は、外在化された基準であると考えるべきでしょう。ただ、それが機能するかどうかを考えたとき、規範が内在化されていなければ、逸脱行為であると意識することもないのです（ブレグマン　一九七七）。

●すべての規範は集団規範

難しいのは、ここでいう共有されている他者が、どの程度の範囲なのかという点です。狭くは家族や友人といったところでしょうし、広げていけば地域や国家、世界といった範囲にまで拡大していきます。そんな観点からいくと、社会規範とは集団規範の集合体であると見なすことができます。すべての規範は集団規範であり、ペピトーン（一九七六）の言葉を借りれば、社会規範も社会的範囲の中で共有された、集団規範といえるのです。

このように考えていくと、社会が膨大な集団を内包しており、個々人それぞれが、さまざまな集団に所属していることが、さまざまな問題を引き起こすことになります。この本を手に取ったあなたは、社会心理学に興味を持った学生・院生さんである確率が高いと思います。つまり、大学という組織集団に所属し、学部三年生や修士課程二年といった、学年集団に属しているわけです。コンビニなどでアルバイトをしている方はスタッフとして、そのお店に所属していることを意味します。県民性といった言葉は、その地域集団に属していることの比喩に他なりませんし、家に帰れば家族の一員です。

まず難しいのは、ここでいう集団規範を、個人がどの程度の範囲で共有しているのかという点です。社会は多くの集団を内包しており、個人は同時にたくさんの集団に所属しています。間違いなく、まったく同じ立場でまったく同じ集団に所属している人は、世界中を見渡しても絶対にいません。家族集団の中でも、兄弟姉妹で立ち位置が違いますし、学校では学年集団が違うからです。

そして、それぞれの集団が集団規範を持っています。大学には学則があるでしょうし、「飲み会と旅行には必ず顔を出すこと」や「指導院生は、毎年学会発表を必ず二つ以上すること」というふうに、先生が決めた内規があるゼミも多いはずです。アルバイト先では社則に従うことが求められるでしょうし、労働基準法で働く環境は守られています。地域によって、色々なお祭りや行事に参加することが求められるでしょうし、自治体ごとに条例が定められています。女子学生の皆さんの中には、門限でご両親とケンカをしたことがある方もいるでしょう。これらはすべて、集団規範なのです。

個人は所属集団との相互作用の中で、集団規範の共有を通じ、良い行動や悪い行動といった評価の定義（規範や態度、志向性）を、自らの立場や役割に応じて内在化していきます（カンデル 一九八〇）。その中で、所属する集団の違いが集団規範のズレとなり、個々人の内在化する規範に食い違いが生じる原因となるのです。

さらに集団規範は、時が経てば変化をするので、常に普遍的で変わらないということもありません（シャファー 一九八三）。一般的には、日常生活の多くを過ごす集団で共有された規範に、個人の判断や価値観は強く影響されます。しかし、それが所属する別の集団と食い違うとき、圧力が生じて修正されることが多いのです。

たとえば、ブラック企業という言葉に敏感な、就職活動中の学生さんは多いと思います。「○○という会社はブラックだ」という評価が、インターネット上で瞬く間に広がることもあり、それを目にしてエントリーを見送ったり、内定を辞退したりといったこともよく見る光景です。一般にブラック企業というのは、従業員を薄給・激務などの劣悪環境で働かせる、過重労働・違法労働を強要するような企業とされています（ムネカタ 二〇〇八）。ここでいう〝過重労働・違法労働の強要〟というのが、会社内で共有された集団規範になります。不幸にしてこうした会社に入社してしまった場合、会社の社則や上司の命令、社内の雰囲気といった集団規範に振り回され、会社を辞めない限り、その呪縛から逃れにくい状況に陥ります。

しかし、日本には労働基準法という法律があります、違法労働の根拠も、これに違反しているることを意味します。つまり、ブラック企業が共有している集団規範も、日本の法律に違反しているため、批判されることになるわけです。そういった過酷な労働環境を知ったご両親に、「仕事を辞めなさい」と言われるようなケースもあるでしょう。個人はブラック企業の構成員というだけでなく、同時に家族や住んでいる地域集団や国家などの構成員であり、それぞれの集団規範に準拠した、「正しい」「そうするべきだ」と思う行動をとっているのです。そしてこの、〝「正しい」「そうするべきだ」と思う行動をとる〟ことこそ、その集団に共有されたルールに従うということでもあります。

ここまでをまとめると、社会規範もメカニズム的には集団規範と同じようなものであり、ルールというのは一般には、集団規範のうちでも法律や校則などの、明文化されたものを指すと考えられます。ただ厳密には、〝暗黙のルール〟と呼ばれる規範も存在するわけなので、明文化されているかどうかが、ルールの絶対条件というわけではありません。ルールを守るとは、自分の中で内在化された「正しい」とか「すべきだ」に従う、もしくは「正しくない」「すべきでない」を回避するということです。

こんなふうに考えると、「正しい」とか「すべきだ」とはそもそも何なのかが、次に問題となってきます。かなり哲学的な問いになりますが、これらは当為と呼ばれるものです。

●当為について

当為という言葉を、日常的に使う人はいないと思います。かなり聞き慣れない単語ではないでしょうか。「当に為すべし（まさになすべし）」が語源であり、ドイツ語でいうsollen、英語でいうところのought toが該当します。これは哲学用語であり、カントの名著『純粋理性批判』において、「『欲する』に対しての節度と目標を越え、禁止と尊敬を指すものである」と定義されているものです。

わかりやすくいえば、個人の欲求を抑え、望ましい判断をするということを意味します。『広辞苑』では、「『あること』（存在）および『あらざるをえないこと』（自然必然性）に対して、人間の理想として『まさになすべきこと』『まさにあるべきこと』」とされています。言葉を厳密に突き詰めていくのは非常に難解なのですが、ここでは社会心理学の観点から、個人がどうしてある行為を「望ましい」とか「理想的である」と考えるのかについて、考えていこうと思います。

小林（一九九一）によれば、○○すべしというのは、その問い自体が望ましい行為を志向しているわけですから、社会規範の根幹をなす概念といえそうです。高橋と稲葉（二〇一五）も、規範とは「○○すべきである」という行動ルールというのが、もっともよく用いられる一般的な定義であるとしています。しかしここまで述べてきたように、すべての規範が集団規範である以上は、○○すべしというのは、所属する集団によって大きく異なってきます（宮本 一九九八）。その結果、ある集団において○○すべしと認識されていても、別の集団ではまったくそう考えられていない……などということが起きてしまうのです。つまり、自分が「○○する（○○しない）のは当たり前じゃないか」と、特に意識することなく考えていることも、突き詰めていくとそうじゃないことが多々あるのです。

一九九七年、神戸の男子中学生による連続児童殺傷事件、いわゆる「酒鬼薔薇事件」にからんだテレビの報道番組の中で、ある少年が「なぜ人を殺してはいけないのですか？」と質問したことがありました。それに対し、出演者である大人は誰も答えることができなかったことが大きな反響を呼び、「そんなこともわからないほど、最近の子どもは倫理観がないのか」「近頃の若者は……」といった類の感情論をも巻き込んで、広く議論がなされました。

いかがでしょうか。恐らく、人を殺してはいけない（人を殺すべきではない）というのは、恐らく普段当たり前かどうかを考えることすらないと思います。しかし、ここできちんと考えていくと、「人を殺すべきではない」という、究極ともいえる当為が、実は普遍性を持っていないという点に気がつかされるのです。

このもっとも明白な反例としては、戦争時にこのルールが否定されることが挙げられます。チャップリンの映画に、『殺人狂時代』という名作があるのですが、この中で殺人犯役のチャップリンは、〝One murder makes a villain ; millions a hero. Numbers sanctify.

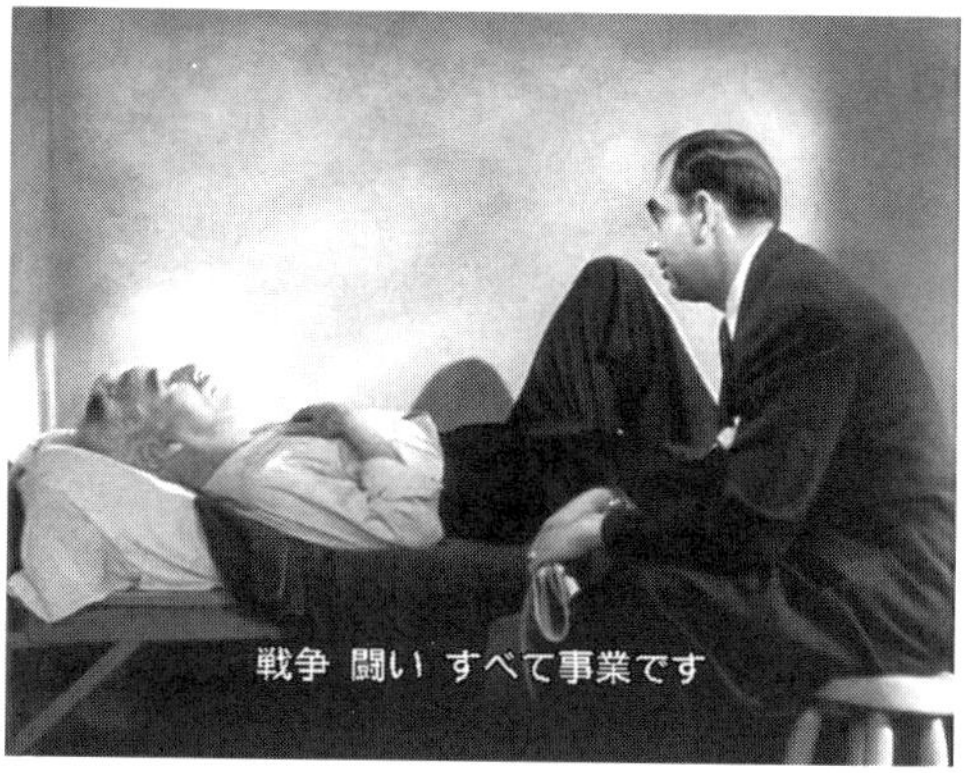

図8　チャップリンの戦争批判（『殺人狂時代』より）

（一人殺せば悪党で、一〇〇万人だと英雄です。数が殺人を神聖にする。）〟という言葉を残し、ラム酒をあおった後、ギロチン台に登って行きます。この言葉の原点に、戦争（大量殺戮）への批判があることは疑いないのですが（図8）、人を殺してはいけないということの非普遍性を象徴しているといえます。

チャップリンの言葉にあるように、戦時において敵を殺すことは正当化されています。それも数が多いほど、その殺戮を指揮した者は自国民から〝英雄〟として賞賛を浴びるのです。今も世界のどこかで戦争が行われ、多くの殺人が「正しい」「望ましい」こととして遂行されています。日本とて、戦後の永きにわたり平和を享受してきましたが、太平洋戦争の時代、「鬼畜米英」をスローガンに掲げていました。敵国民を人として見なさないことで、殺人を正当化しようとしたのかもしれません。

これは、現代社会における特有の病理とか、問題というわけでもありません。たとえば一一世紀の終わり、東ローマ帝国の皇帝が、ローマ教皇に救援を依頼したことに端を発した十字軍は、大義名分として、異教徒イスラム教国からの聖地奪還を訴えました。しかしマアルーフ（一九八三）によれば、聖戦の名の下に騎士たちは、イスラムの都市を破壊し尽くし、略奪・虐殺しながらエルサレムを目指したというのが実態です。ちなみに「十字軍」というのは、ヨーロッパ側から見た都合のいい名称であり、イスラム圏では「フランクの侵略」と呼ばれています。

こんなふうに考えていくと、私たちが強固な信念として持っている、「人を殺してはいけない」というルールですら、全世界共通のものでも何でもないことが、おわかりいただけると思います。小浜（二〇〇〇）の言葉を借りれば、「人を殺してはいけないとする倫理は、ただ共同社会の成員が、相互共存を図るために必要とされている」にすぎず、何か深く個人が内在化させた、道徳的な倫理観や視点に立ったものではないのです。

その証拠に、内閣府の基本的法制度に関する世論調査（二〇一五）を見てみると、日本では死刑制度の容認が八〇％を超えています。たとえばＥＵは、死刑制度が廃止されていることが加盟の条件になっています。国際的に見ても、多くの国で廃止されているにもかかわらず、日本における死刑制度の支持率の高さは異常なのですが、それが意識されることはほとんどありません。「人を殺してはいけない」という究極のルールを共有しているはずの日本人が、一方で、国家による殺人を熱烈に支持しています。少年の「なぜ人を殺してはいけないのか」という質問は、こうした矛盾に疑問を呈する意味で出されたものではないかと思うのです。

ともあれ、確固たるものと思い込んでいたルールや当為の曖昧さ、あやふやさというものが見えてくると思います。それにしてもこのように曖昧でつかみどころがないものに対し、社会心理学はどのようにアプローチしていけばよいのでしょうか。

●社会心理学の切り口から見た二つの社会規範

ここまでをまとめて、当為の根源をさらに突き詰めていくと、共有された集団規範に、なぜ従わなければならないと認知されるのかが、問題となってきます。つまり、〝どうしてそうするべきだと思うのか?〟という問題です。

もちろん、この問題に対する正解は一つではありません。宗教的な観点から見れば、

「神の思し召し」だとか「仏の御心による」……などと思う人もいるでしょう。「正しい意見には従うべき」とか「道徳的観点から」など、倫理的な側面から従うべきという考え方も、別に間違ってはいません。

ただこれを突き詰めていくと、〝神って本当にいるの?〟とか〝正しいって何だ?〟などというふうに、結論の出しようがないものを議論のベースにしなければならなくなります。こうした問いかけは、ある種のイデオロギー（宗教的な観念）や理想論の追求であり、哲学的ではあれど、心理学をベースとした議論にはなりにくいのです。社会規範が行動判断に及ぼす影響を検討するためには、当為の根源を確定させることが必要不可欠です。そこが揺らいだままだと、不安定な土台の上に議論を重ねていくことになるからです。それでは果たしてどうすればいいのでしょうか?

これについて、社会心理学の視点からチャルディーニたち（一九九一）が、社会規範を命令的規範（injunctive norm）と記述的規範（descriptive norm）の二つに分けてとらえ、多くの実験を行っています。これは非常に画期的で、示唆的な視点です。社会規範をこの二つに切り分けることで、行動判断へ影響するプロセスを検討することができるようになったのです。

チャルディーニたちによれば、命令的規範とは「多くの人々がとるべき行動や、望ましい行動と評価するであろうとの、個人の知覚に基づく規範」と定義されています。社会的報酬や罰をもって行動が志向され、法律の形成とも密接に関連しています。社会や集団の価値観を反映しているので、逸脱行為は社会的価値観への脅威となります。このため、不適切と評価された行為がタブーとなったり、政府や組織により、法律として明文化されるのです（トリアンディス 一九九四）。

したがって、一般的な当為とは、命令的規範を指すと考えられます。命令的規範は、個人の行動判断において常に望ましいとされる行動を指向しており、明文化された法律や慣習やルールを含むものです。前述した「人を殺してはいけない」とする規範や、ゴミのポイ捨て禁止や環境保護から、交通ルールの遵守（小林たち 一九七七）、果てはズッカーマンたち（一九八三）が主張するような、日常生活における礼儀作法に至るまで、さまざまなものが該当します。

もう一つの記述的規範は、「多くの人々が実際にとっている行動であるとの、個人の知覚に基づく規範」と定義されます。つまり、周囲の他者がとる行動を、その状況における適切な行動の基準であると認知するというわけです（ギルバート 一九九五）。こうした行動判断は、実社会では非常に合理的です。考える時間や手間を省かせ、高い確率で効果的な結果を得ることができるからです。

実際の社会的行動を考えると、周囲の他者がとる行動を、判断の拠り所とすることはたくさんあります。誤解を恐れずにいえば、社会心理学の研究のほとんどは、他者との相互作用に関するものであったといっても過言ではありません。

たとえば、代表的な古典的社会心理学研究の一つである、傍観者効果に関する研究を考えてみましょう。インドの詩人ラビンドラナート・タゴールが、「人々は残酷だが、人はやさしい」という名言を残していますが、これを地で行っている研究を、ラタネとロダン(一九六九)が行っています。

元々この研究は、キティ・ジェノヴィーズ事件という、社会心理学を学ぶ人であれば誰でも知っているといってよいほど、有名な殺人事件が背景となっています。一九六四年アメリカニューヨーク州で暴漢ウィンストン・モーズリーがキティ・ジェノヴィーズに三度にわたって襲いかかり(図9)、三八人もの人が一部始終を目撃していたにも関わらず、誰も警察に通報すらしなかったのです。ローゼンタール(二〇一一)によれば、実態はいささか異なるようなのですが、この事件は当時大きな衝撃をもたらし、「都会人の冷たさ」を象徴する出来事として、大々的に報道されました。

しかし、社会心理学的に見るとこれは違うのです。周りに人がいるのに誰も何もしないのではなく、人が大勢いるからこそ、誰も何もしないのです。ラタネとダーリー(一九七

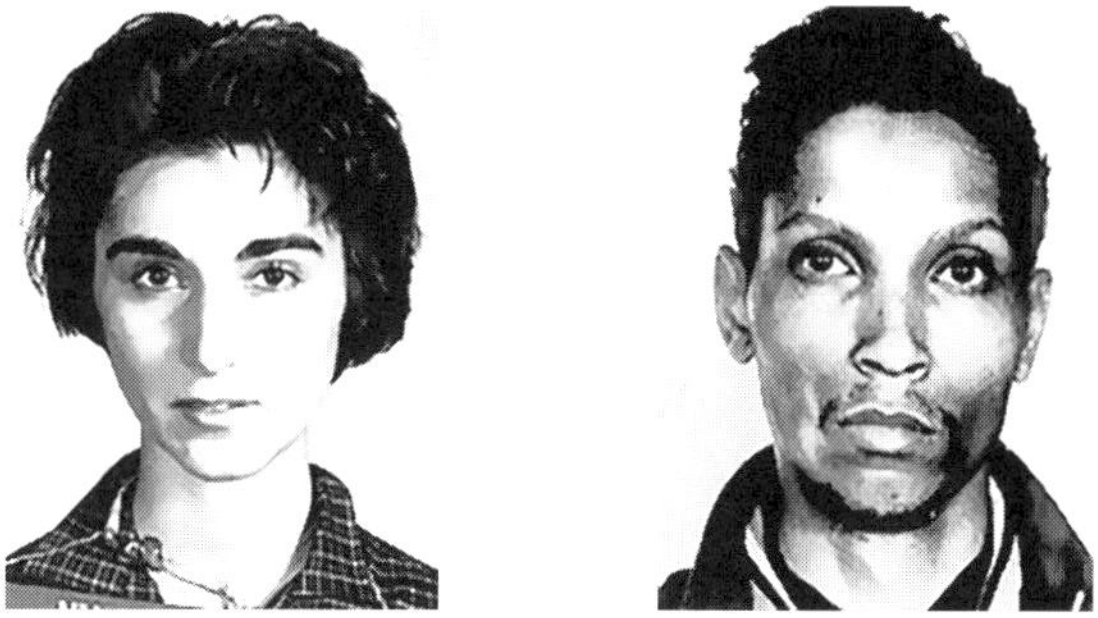

図9　キティ・ジェノヴィーズ（左）とウィンストン・モーズリー（右）

〇）は、隣室で女性が大きな音と共に悲鳴を上げて倒れ、痛みに苦しんで「あぁ、足が、足が動かない……足音が……これがどけられないわ」とうめく声が聞こえたとき（＝援助をしなければならない状況を提示する）、どれくらいの人が隣室に助けに行くのかを、実験により確かめました。

　このとき、部屋にいるのが自分一人であれば、「大丈夫ですか⁉」と言って隣室に駆け込む割合は九〇％以上に上りました。しかし、部屋に二人で同室し、そのうちの一方が「気にすることでもないね」という態度をとったとき（実際には無関心を装っていたのは、実験者に協力したサクラでした）、図10のように、援助率は二〇％以下にまで低下したのです。また、助けに行くまでの時間についても、一人だと比較的す

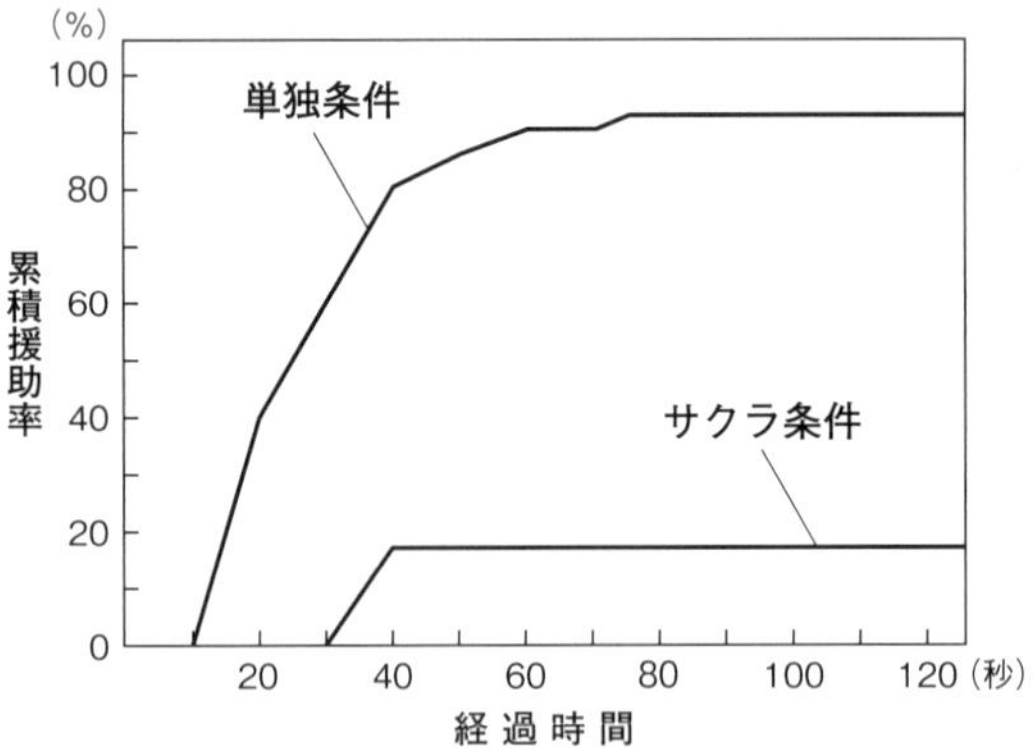

図 10　各条件の累積援助率（ラタネとダーリー，1968 より）

ぐに行くのに対し、サクラと二人の条件では、なかなか助けに行かなかったのです。

そもそも私たちは、どういう行動をとるべきか判断するときに、周囲の行動が正しいのかどうか、きちんと考えることはあまりありません。周囲の多くがその行動をとっているという事実が、「その行動をとるべきである」という、一種の証明になっているからです（チャルディーニ 二〇〇七）。その判断根拠としての強さは、道徳的な判断に則っているとか、倫理的に正しいとかいったことを凌駕します。記述的規範は命令的規範よりも、強い影響力を及ぼすのです。

たとえば、近年は随分減ってきたよう

に思いますが、未成年者の喫煙について考えてみましょう。未成年者の喫煙は、発育・健康上重大な被害をもたらすため禁止されていますし、そんなことを知らない人はいないでしょう。しかし、タバコを吸い始めたきっかけを、「子どもの頃、親が吸っていたのを吸わせてもらった」とか「中学のとき、友達が吸っていたから好奇心で吸い始めた」などという喫煙者は少なくありません。周りが喫煙していることは、未成年者の喫煙を促進する強い誘因となるのです（マレーたち 一九八三）。

考えても結論が出せなかったり、いちいち考えるのが面倒な場合、多くの人に従っておくことが、結果的に正解であることは多いのは事実です。しかし、記述的規範に無意識に従ってしまうため、問題が生じてしまうこともあるのです。劇場で映画を見ているとき、どこからか「火事だ！」という叫び声が聞こえてきて、見る間に煙が充満してきたとしましょう。あなた自身も逃げないと、間違いなく逃げ遅れてしまいますが、この状況において正しい行動とは何でしょうか？

多くの人は、周りがどういう行動をとっているのかを瞬時に見て、それに従うと思います。みんながあっちに逃げていれば、自分もあっちに走り出すであろうし、こっちに逃げていれば、「それこっちだ！」というわけです。しかし、ここで見落としているのが、他の人も何が正しいのか、本当のところはわかっていないという点です。もしも、たまたま数人が最寄りの出口に走っただけだとしたら、これに従うのは、果たして正しいことといえるのでしょうか。一つの出口に観客が殺到した結果、将棋倒しが起きたり、被害が増大してしまう可能性もあるでしょう。火元から離れているとか、適切な避難経路であるといった、合理的な解釈に基づく判断ではないからです。

ただし一応、誤解のないよう述べておきますが、多くのケースにおいて、二つの方向性は一致しています。多くの人が望ましいと思うのであれば、実際の行動として周囲もそれに従っているケースがほとんどです。二つの規範が食い違っているほうがイレギュラーなのですが、命令的規範が望ましい行動を志向しているのに対し、記述的規範は効果的な行動に主眼がおかれているのがその原因です。

ともあれ、どんな行為が望ましいかを議論するだけでなく、こうした二つの規範の食い違いに着目することで、社会規範からの逸脱行為を、「神の存在」や「倫理的な」といった哲学的な問いかけから、心理学の研究ベースに乗せることができるのです。本書でもチャルディーニたちのスタンスにならい、この二つの社会規範という観点から、以降の議論を進めていこうと思います。

●社会規範の周辺概念

ここまで説明してきたように、社会規範を命令的規範と記述的規範に切り分けることで、心理学的観点からの説明が可能になりました。ルールと社会規範の関係を考えると、命令的規範は明示されたルール、記述的規範は暗黙のルールに該当することが多いでしょう。それを踏まえ、本章の最後に二つ、それぞれの規範に対応した周辺概念として、道徳性と同調行動を紹介しておきたいと思います。

●道徳性と社会規範

道徳性は、社会規範ときわめて近い概念といえます、望ましいとされる行動期待である点はどちらも共通しているからです。ただし、道徳性は社会規範研究と比較して、大きく二つの相違点が挙げられます。一つは、主にその発達段階に着目した検討を行っている点、二つ目は逸脱行為を、道徳的なものと因習的なものという視点でとらえている点です。

道徳性の発達研究でもっとも有名なのは、コールバーグ（一九六七）の発達段階理論です。彼は、三つの水準からなる六つの発達段階を提唱しました（表5）。この中で興味深いのは、社会を志向するのは水準二（段階三、四）になってからと考えられている点です。

初期の発達段階では、ルールに従ったり行為の良悪を判断する根拠が、ただ罰を回避したいからとか、あるいは自分が助けてほしいから相手を助けるといった、自己中心的な志向性になっています。つまり、初期の段階では制裁が抑止の鍵になっているだけであり、判断の根拠が被害を被るかどうかだけに、道徳的価値をおいているのです。

これが水準二になると、他者を喜ばせたり、秩序を維持するといったことを志向し始めます。道徳的価値を、正しいとされていることに従うかとか、他者の「〇〇するべきだ」などの意見に従うという具合に、集団や社会にまで思いが至るようになるのです。

水準三に到達すると、道徳的価値がより広範な人類の幸福や、良心や罪悪感に基づくようになります。〝道徳性〟という言葉でイメージされるのは、この水準の状態を指すのではないでしょうか。

しかし、コールバーグとクレイマー（一九六九）によれば、年齢層二〇～二四歳において、もっとも多いのは段階四の人たちであり、それ以上加齢しても、比率はあまり変化しないことがわかっています。つまり、大人になって社会に出たからといって必ずしも道徳的に最上段階に達するわけではないのです。いくつになっても、高い道徳性を身につけて

表5　6つの道徳発達段階（コールバーグ，1967より作成）

水準1：道徳的価値は人や規範にあるのではなく，外的，準物理的な出来事や悪い行為，準物理的な欲求にある。

段階1〈服従と罰への志向〉
優越した権力や威信への自己中心的な服従，または面倒なことを避ける傾向。客観的責任。

段階2〈素朴な自己中心的志向〉
自分の欲求，時には他者の欲求を道具的に満たすことが正しい行為である。行為者の欲求や視点によって価値は相対的であることに気づいている。素朴な人類平等主義および交換と相互性への志向。

水準2：道徳的価値は良いあるいは正しい役割を遂行すること，慣習的な秩序や他者からの期待を維持することにある。

段階3〈良い子志向〉
他者から是認されることや，他者を喜ばせたり助けることへの志向。大多数が持つステレオタイプのイメージあるいは当然な役割行動への同調。意図による判断。

段階4〈権威と社会秩序の維持への志向〉
義務を果たし，権威への尊厳を示し，既存の社会秩序をそのもの自体のために維持することへの志向。当然な報酬としてもたれる他者の期待の尊重。

水準3：道徳的価値は，共有されたあるいは共有され得る規範，権利，義務に自己が従うことにある。

段階5〈契約的遵法的志向〉
一致のために作られた規則や期待が持つ恣意的要素やその出発点を認識している。義務は契約，あるいは他者の意志や権利の冒涜を全般的に避けること，大多数の意志と幸福に関して定義される。

段階6〈良心または原理への志向〉
現実的に定められた社会的な規則だけでなく，論理的な普遍性と一貫性に訴える選択の原理に志向する。方向づけをなすものとしての良心，および相互的な尊敬と信頼への志向。

いない人が少なからずいる点は、留意する必要があるでしょう。

また道徳概念の発達において、ルール違反が道徳的（moral transgression）なものと、因習的（conventional transgression）な違反行為に区別されている点も、留意しておく必要があるでしょう。スターンとピーターソン（一九九九）によれば、道徳的なルール違反とは、人を攻撃したり、盗んだりしてはいけないといった、人間の幸福や正義に関係したルールからの違反を指しています。因習的な違反とは、人が話しているときによそ見をしてはいけないといった、社会的コンセンサスに関連したルールからの違反行為のことです。ニサン（一九八七）によれば、非常に小さい子供であっても、道徳的ルールと因習的ルールを区別しています。なので、これら二つのルール違反は、その認知プロセスや悪質性評価の発達が異なっていると考えられます。道徳性の発達は、規範の内在化に近いアプローチといえるでしょう。

●同調行動と社会規範

同調行動は、二つの社会規範のうちでも、とりわけ記述的規範に近い概念といえます。ミルグラムたち（一九六九）は、ビルを見上げるサクラの数を変えていくと、サクラが多

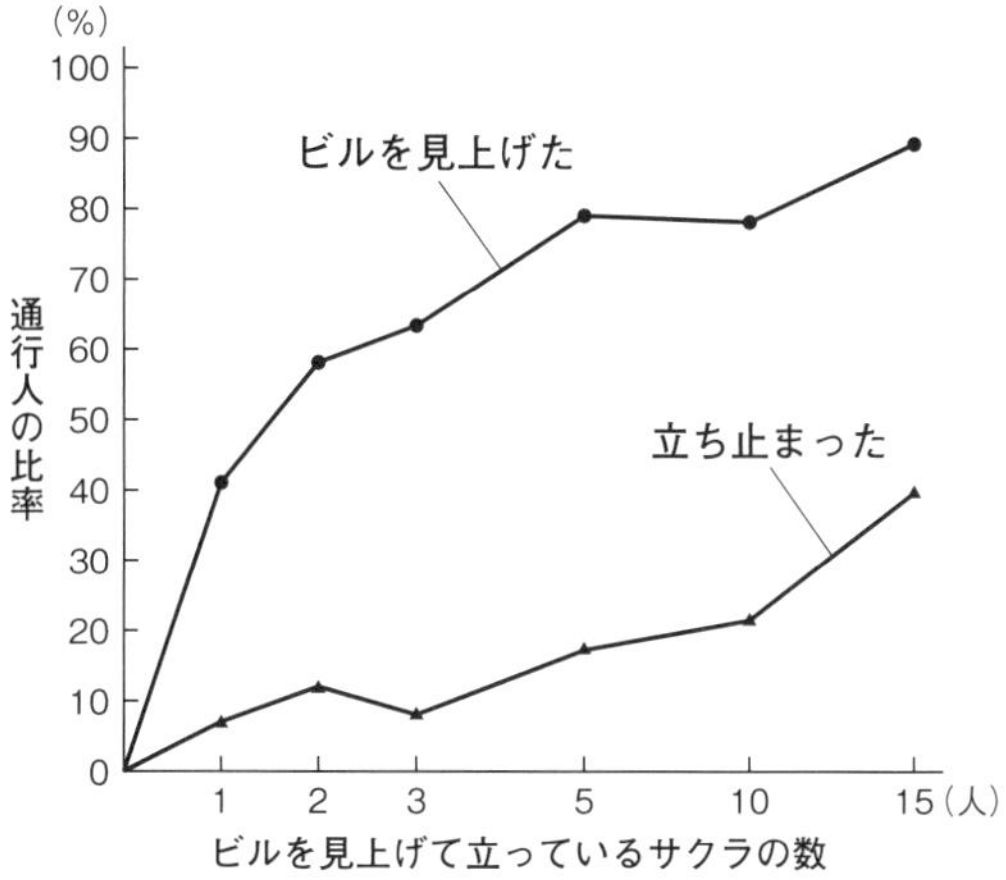

図11　刺激集団のサイズと歩行者行動との関連
(ミルグラムたち，1969より作成)

くなればなるほど、通りがかりに立ち止まり、つられてビルを見上げる人が増えることを明らかにしています(図11)。この結果は、多くの人が同じ行動をとるほど、同調傾向がより顕著になることを示唆しています。

同調研究におけるもっとも古典的・かつ有名な研究は、アッシュ(一九五一)の線分に関する研究でしょう。アッシュは図12のような図を用い、左側の線分と同じ長さの線分は、右の三本のうちのどれかという質問をしました。筆者自身、授業でこの実験を説明するときに学生に

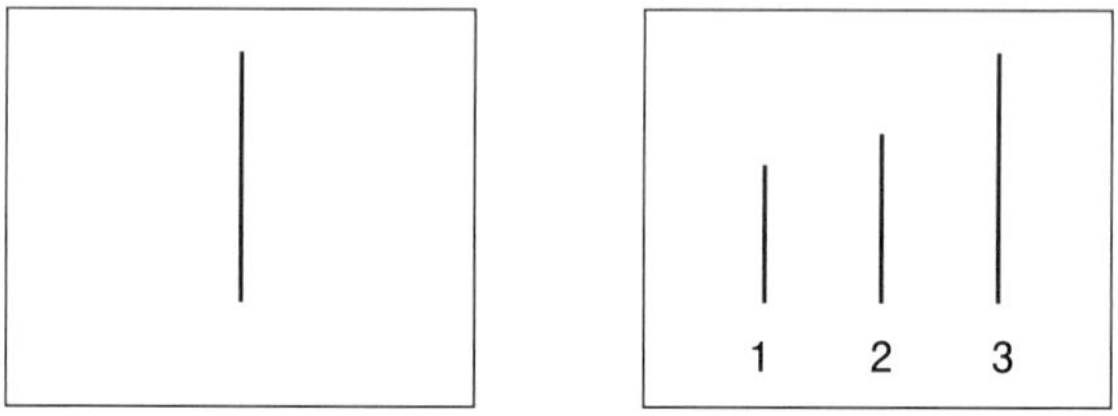

図 12　アッシュの同調実験で用いられた線分

尋ねていますが、一五年間一度も間違った答えを言われたことはありませんし、読者の皆さんも「三」と答えられると思います。

アッシュは、七〜九人の男子大学生を一つの部屋に集めた上でこの問題を出し、一人ずつ頭から答えさせていきました。ただ、何も知らないのは最後から二番目の人だけで、あとは全員がサクラでした。サクラは初めの二試行（二周り）は、普通に正しい答えをするのですが、三試行目以降は、全員がわざと誤った答えをするのです。

このような実験の枠組みでは、本来ほとんど誤答をしない課題であっても、自分よりも前の人が誤答すると、なんと三三・三%もの人が、それにつられて（本当は「あ、あれ?? みんな何言ってるんだ!?!?」と思いつつも）、わざと誤答をしたのです。

この研究が面白いのは、こんな単純なことであっても、結構な割合の人が周囲の判断に合わせてしまうという点です。周囲の他者がとる行動というのは、かくも強く個人の判断に作用するわけですから、記述的規範の影響力も納得いただけるのではないでしょうか。ルールを守る・破るといった側面についても、もちろん同じことがいえるというわけです。

さらに重要なのは、同調の質的側面についてです。キースラーとキースラー（一九六九）は、規範の影響力には私的受容（private acceptance）と公的追従（public compliance）の、二つがあることを明らかにしています。甲原（二〇〇六）によれば、私的受容というのは、他者の考えが正しいと納得した上で、自分の行動を変えることを意味します。対する公的追従とは、本心では他者の考えに同意していなくても、表面上は合わせている状態です。迷惑であると指摘され、私的に受容することができれば、個人の迷惑行為は改められることになります。しかし公的追従は、嫌々表面上従っているだけで、心の中で舌を出している状態です。反省もしませんし、心から自分が間違っていると思ってもいません。

この二つを考慮することが、行動判断を予測する上で非常に重要なのはいうまでもありません。私的受容は、個人の態度を質的に変容させた同調であり、その後も一貫して、集団の意見に合致した行動判断を行うでしょう。対して公的追従では、同調行動をとるのはその場限りであり、一時的なものにすぎません。

ルールを守る・破るという観点から見れば、多くの人の行動に影響されることが、常態的にルールを守ったり（破ったり）するようになる鍵となります。ドイチェとジェラード（一九五五）は、同調の影響プロセスを、圧力と感じる規範的影響と、参考指標とする情報的影響に分けてとらえています。ただこれは、あくまで本人がどうとらえるかという問題なので、「この状況での周囲の行動は規範的影響」などというふうに、たとえば実験のように操作できるようなものではありません。公的追従は、周囲の行動を圧力と感じるからこそ、心の中で舌を出しながら渋々従っている状態です。ルールを守るのもその場限りであり、隙あらば破ってやろう……ということになるでしょう。

ただし社会規範は、望ましい行動が命令的規範という形ではっきりしているのに対し、同調は（単純な三本線の長さに関する研究のように）、社会的に望ましい行動とは限りません。また記述的規範と同調は、概念的に共通する部分が多いものの、同調行動が必ずしも効果的な結果を志向しているわけではない点も異なっています。このように考えていくと、社会規範と同調行動を同義とするのは、やはり問題があります。それでも、アッシュの行ったような実験室実験の知見が、実社会での行動に適用できないわけではなく、同調研究が社会規範研究に対して示唆するところは大きいといえます。

●本章のまとめ

以上本章では、ルールを守る・破ることと深く関連し、時に同義として扱われることもある、社会規範について考察してきました。〝ルールを守る・破る〟ことに関する理論的背景は、社会的迷惑と社会規範からの逸脱という、二つが土台となります。これらを元に、次章では実際の社会問題を例に、正しいとは何かについて考察を深め、多面的な切り口から物事を見ることの重要性について、考えていきたいと思います。

3・正しいを考える

●正しいを疑ってみる

第1章では社会的迷惑について、第2章では社会規範からの逸脱行為についてまとめてきました。第3章ではこれらを統合し、正しいとは何かを考えると共に、あえて〝正しい〟を疑ってみることで、ルールを守る・破るとはどういうことなのか、まとめたいと思います。

そもそも、〝ルールとは何か〟〝正しいとは何か〟など、考えたこともない人がほとんどだと思います。私たちは、「ルールを守ることは正しいことだ」という素朴な信念を持っていることが多く、それは判断や行動の強固な土台となっています。そこを疑ってしまったら、根底が揺らいでしまうのです。

もちろんそれは、決して悪いことばかりではありません。日常生活の中で、色々なことを一つひとつ正しいかどうかを考えて、いちいち行動を吟味していたら何もできないからです。

しかし、こうした決めつけは、時に大きな問題を引き起こします。疑いもしなかった「正しい」が、時代や視点が変われば、簡単に崩れてしまうからです。曖昧で確実性の低い〝正しさ〟を、疑うこともなく確信していれば、別の視点から物事を考えることもありません。そして、その確信が原因での食い違いなのに、お互いに気がつかないままの主張が対峙し、衝突が繰り広げられることになります。

本章では〝正しい〟について考え、これを取り巻く諸概念との関係を、整理していきたいと思います。

●時が経てば正しいも変わる

いつの世の中にも、迷惑な人というのは必ずいるものですし、犯罪がなくなることもありません。ルールや迷惑行為はいつの時代にも共通のものではないか、そんなイメージをお持ちの方も多いのではないかと思います。

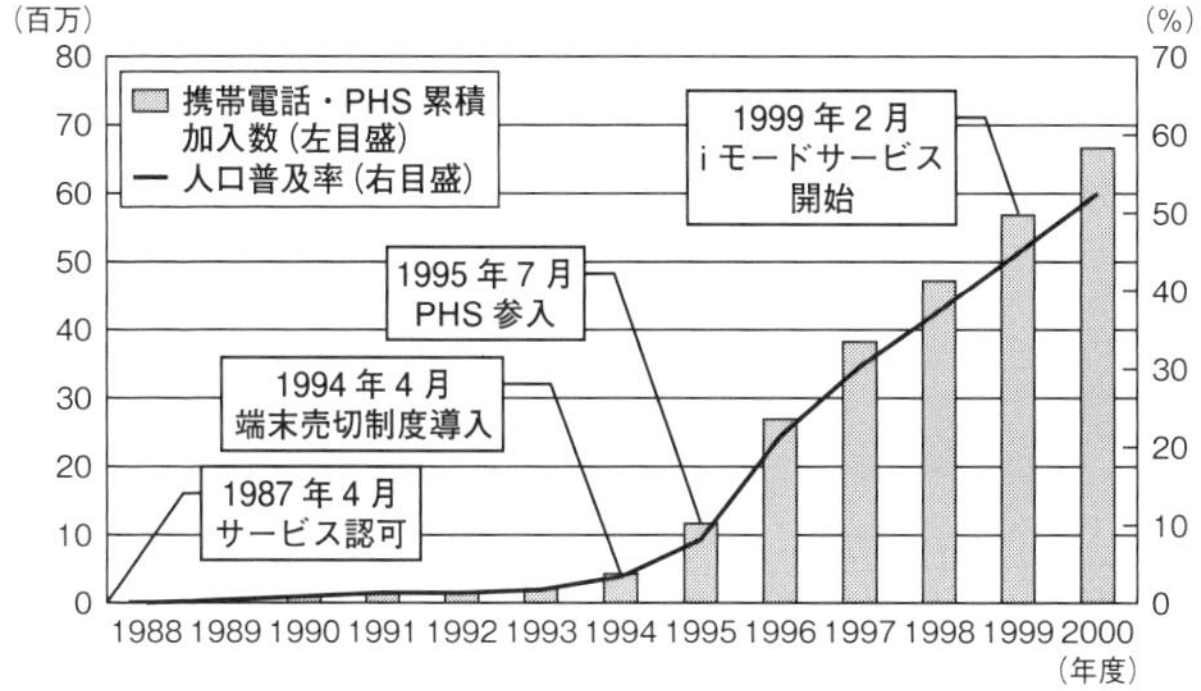

図 13　携帯電話加入者数の推移（森と石田，2001 より抜粋）

もちろん、長きにわたって普遍的なルールや、いつの時代にも迷惑な行為というのも多々あります。他方、その基準が時代と共に変化したり、新たに生じる迷惑行為というのもたくさんあるのです。まずは、携帯電話・スマートフォンの普及を例に、時代と共に変遷する正しさについて、考えていきたいと思います。

今や携帯電話は、持っていない人を探すのが難しいほど、広く普及しました。近年はスマートフォンに置き換わりつつありますが、これまでになかったツールの普及は、新たな迷惑行為の発生を伴います。森と石田（二〇〇一）は、新聞記事の内容分析という手法を用い、普及期の携帯電話使用マナーに関する意識の変遷をたどっています。図13を見ると、普及率は一九九五年頃から上昇を始め、わずか五年後の二〇〇〇年には、五〇%を超える人口普及率となっています。こうした急激な普及は時に、ルールやマナーの確立が遅れ、「迷惑だ!」「いや、何が迷惑だ!」という形の軋轢を生じさせます。

森たちは、普及期(一九九〇年代)におけるマナー意識の変遷について、新聞記事の内容分析をもとに検討しました。森(二〇〇九)によれば、電車内での携帯電話の利用について、二〇〇三年に首都圏の鉄道事業者一七社で「優先席付近では電源オフ、それ以外ではマナーモードにして通話は控える」という共通ルールが作られています。この共通ルールができるまで、列車内での利用については、鉄道事業者にも利用者にも試行錯誤の過程がありました。

そうした背景の中、一九九〇年一月一日から二〇〇〇年一二月三一日までの、朝日・毎日・読売の各新聞の朝夕刊記事を分析対象とした分析が行われました。記事本文中に、「携帯電話」「PHS」のいずれかの語を含み、「電車」「列車」「車内」「地下鉄」「JR」のいずれかと、「マナー」を同時に含む記事を、列車内での携帯電話使用に関連する記事と定義しています。

図14を見ると、なかなか興味深い結果が得られています。携帯電話が普及していくに伴い、絶対的な報道量は増えていっているのですが、飛び抜けて報道量が増えた時期が二カ

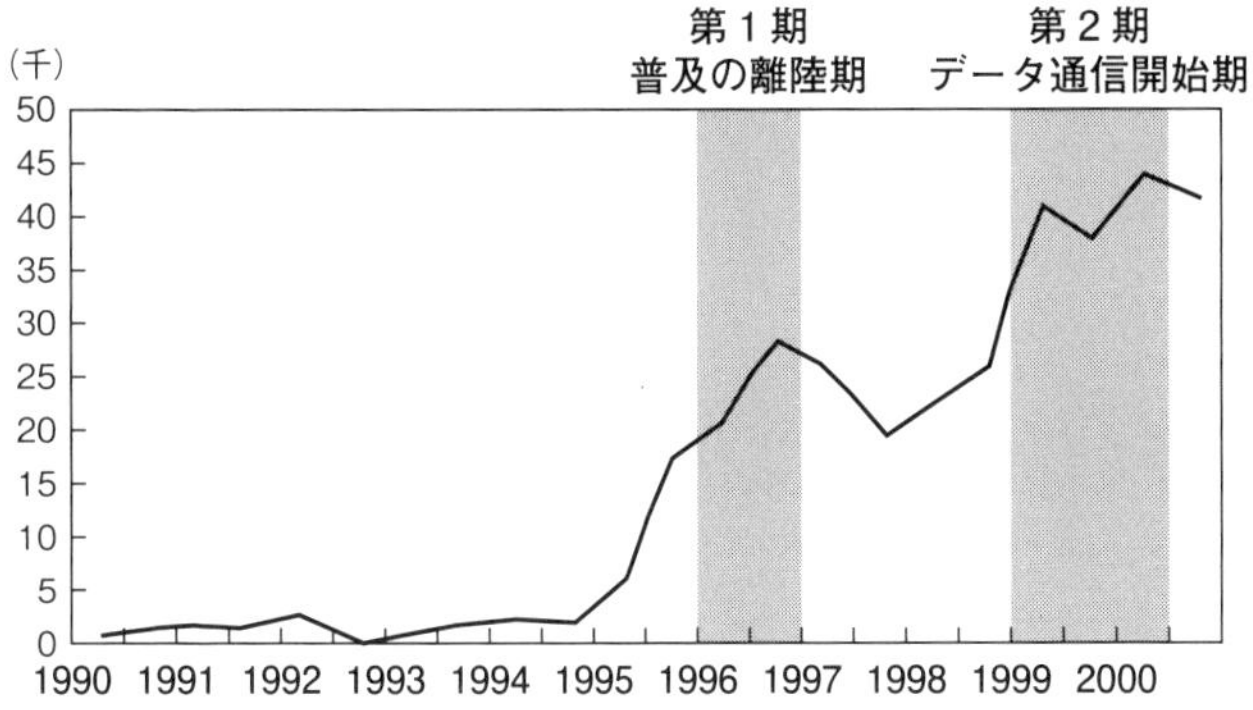

図14　列車内での携帯電話使用に関する報道量の推移（森，2009より抜粋）

所あるのです。第一のピークは、普及の離陸期にあたる一九九六~九七年であり、第二のピークは、一九九九年から二〇〇〇年前半（データ通信の開始と普及期）です。

　また図15からは、当初は「音」についての報道だけだったものが、一九九六年から九八年前半にかけ、「電磁波」の問題が報道されるようになったことが読みとれます。そして、電磁波に関する報道量は、NTTドコモがiモードサービスを開始し、爆発的な普及が始まった一九九九年から二〇〇〇年のタイミングで、顕著に増加しています。この背景には、二〇〇〇年前半に東京都交通局が、心臓のペースメーカーへの影響を理由として、車内での携帯電話使用を禁止したこと（二月）、その後JR東日本

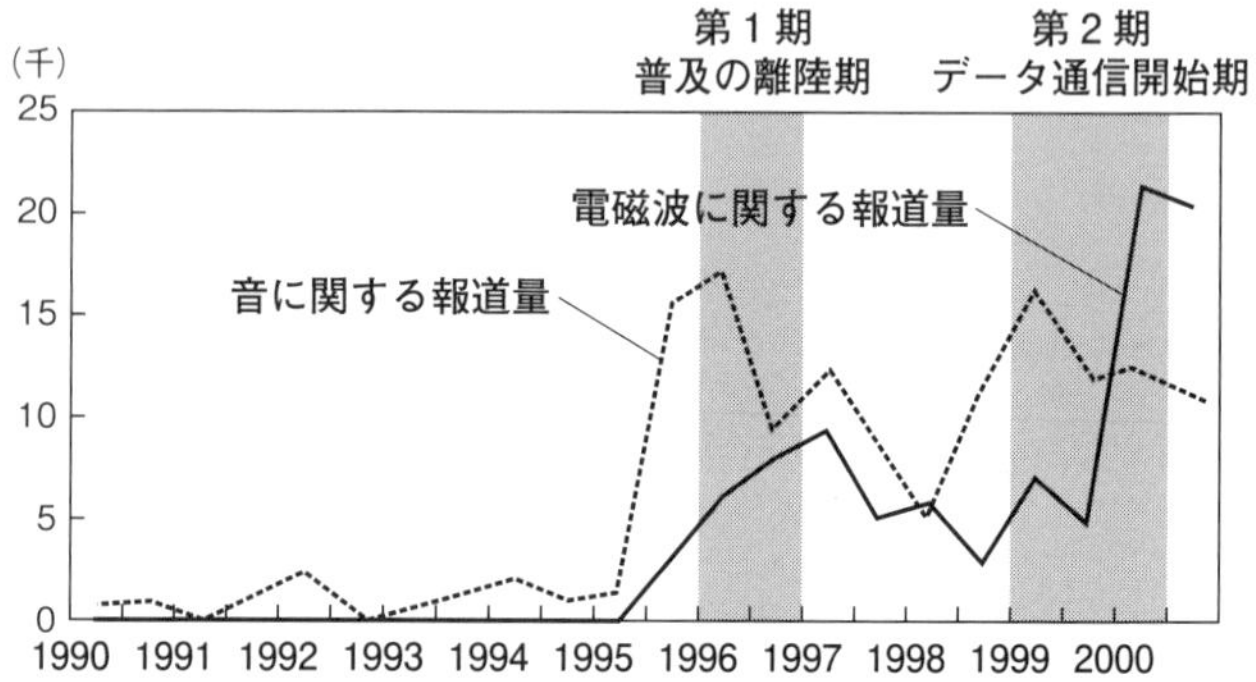

図 15　列車内での携帯電話使用に関する論点別報道量の推移
（森，2009 より抜粋）

（四月）をはじめとして、多くの鉄道事業者がこれに追従したという出来事が、大きく関連しているようです。

　ここで考えたいのは、携帯電話の電波のせいで、本当にペースメーカーが止まるのかということです。シュトラウスたち（二〇〇六）によれば、確かにある携帯電話メーカーの作った特定の機種が、航空機のＧＰＳに影響を及ぼしたという事例が確認されています。飛行機の離着陸時には「携帯電話・携帯ゲームなど、電子機器の電源はお切り下さい」とアナウンスされるのは、そのためです。携帯電話の電磁波が、ペースメーカーにも何らかの影響を与える可能性は否定できないのですが、乗客の使っている電子機器が航空機事故を引き起こした事例はありません。シュトラウスたちの研究でも、どんなフライトでも一、二件は、携帯電話の電源を切り忘れたと思われる電波が測定されていることが明らかになっています。

そもそも、市井には送電線や電子レンジ、無線LANなどの電磁波を出す機器があふれています。本当に影響があるならば、街中を歩くだけでもペースメーカーが誤作動を起こしかねません。電磁波が危険を及ぼすのであれば、病院内のほうがよほど身体に影響しそうな機器がありそうなものですが、病院内よりも公共交通機関での携帯電話の利用のほうが、明らかに社会的な関心や報道量は多いのです。

この問題は、新しい技術に伴う行為や習慣が人々の関心をひきつつも、普及の過程において生じる警戒を反映しているのです。「携帯電話の電磁波が人体の健康を害する」という言説は、電信網の普及期において、「電線に未婚女性の血液が塗られている」といったうわさ（吉見 二〇一二）や、明治の文明開化時の「電話がコレラを伝播する」といった類のもの（松田 二〇〇一）、果てはテレビゲーム悪玉論、テレビ放送に対する「一億総白痴化」論などと、本質的には同じではないかと思われます。つまりは、新しいものに対する感情的な反発、客観的な視点や根拠に欠けた批判です。

ただ、電磁波に関する問題が異なっているのは、携帯というツールが、利用形態を進化させた点です。初期には通話が中心だったのが、一九九九年頃から始まったデータ通信サービスにより、メールやサイト閲覧などの、沈黙状態でのコミュニケーションに移行しました。これは、携帯電話の迷惑を巡って形成されつつあった、〝車中での会話は周囲の迷惑になる〟という了解が、この期を境に通用しなくなったことを意味します。

こうした背景の中、ペースメーカーへの影響は、公共の場での危険を訴える上で、いわばうってつけの〝錦の御旗〟になり得ます。病院内での使用に関連して、専門家から提示されていた電（磁）波による機器誤作動の問題を、それが公共空間でどの程度影響するのかは厳密に評価することなく、もっともらしい根拠として利用されたのです。

これについて森は、掲載紙面の構成に関する検討から、病院内の電（磁）波問題は特集で論じられることが多かったのに対し、列車内のそれが、投書欄で言及されることが多くなっていたことを明らかにしています。専門性が高く理解しにくい技術について、正当性をもって排除可能な「迷惑」として、位置づけようとしたのです。

少し視点を変えてみたいと思います。北折（二〇〇八）は、電車内でのさまざまな迷惑行為について、社会的にどう評価されるのかを多面的に比較・検討しています。たとえば荷物で座席を占拠する行為は、座る場所をふさぎ、本来座れるはずのスペースが確保できないといった、実害を伴う迷惑行為になります。迷惑行為には下位区分があり、根拠とされる理由はさまざまなのです。

北折は二〇〇五年に発表された、日本民営鉄道協会の「駅と電車の中の迷惑行為ランキング」をもとに、一四の迷惑行為を抜粋しました。携帯電話の通話・メールを含む、これらの迷惑行為がどう評価されているのかを確かめるため、〝悪質だ〟〝空気が読めない〟〝見苦しい〟〝迷惑だ〟〝無神経だ〟の五つの観点から調査を行いました。

結果は表6に示されています。全体的に見て、足を広げて座ったり、ホームでの横入りやドア付近での座り込みなどは、いずれの評価についても五件法で四以上を示しています。これらは、〝きわめて悪質で空気が読めず、見苦しくて迷惑で無神経な行為〟といえるのですが、いずれもスペースの侵害行為という点で、共通しています。そしていずれも、きわめて迷惑で無神経な行為と見なされていますが、相対的に悪質性評価は低くなっています。

こんなふうに見ていくと、「3　携帯電話をマナーモードにしておらず、かかってきた電話の着信音が鳴っている」は三・二〇〜三・六二、「4　携帯電話で話をする」は三・四〇〜三・九一の数値帯であり、「5　携帯電話でメールを打つ」は、一・三六〜一・五八のレンジとなっています。この調査の中央値は三なので、着信音と会話の二つに比べ、メール使用は明らかな差異があります。電車内での携帯メール使用は、悪質性評価がほぼ一であり、誰もこれを迷惑行為と見なしていない、床効果ともいえる結果です。音や声が

表6　迷惑行為を評価別に見た平均と標準偏差（北折，2008）

	悪質だ	空気が読めない	見苦しい	迷惑だ	無神経だ	*F*
1. 聞いている音楽がイヤホンから漏れている	2.70 (0.97)	3.38 (1.07)	3.24 (1.14)	3.47 (1.13)	3.42 (1.08)	36.66***
2. 足を大きく広げて座ったり，荷物を隣に置くなど座席を一人で大きく占領している	4.12 (0.90)	4.22 (0.91)	4.50 (0.73)	4.57 (0.72)	4.58 (0.72)	21.60***
3. 携帯電話をマナーモードにしておらず，かかってきた電話の着信音が鳴っている	3.23 (1.05)	3.55 (1.11)	3.20 (1.21)	3.23 (1.08)	3.62 (1.02)	10.93***
4. 携帯電話で話をする	3.56 (1.18)	3.58 (1.18)	3.40 (1.17)	3.75 (1.10)	3.91 (1.03)	13.09***
5. 携帯電話でメールを打つ	1.36 (0.57)	1.54 (0.72)	1.58 (0.89)	1.46 (0.73)	1.52 (0.75)	4.49**
6. 隣の人の肩にもたれて眠っている	2.89 (1.27)	3.10 (1.21)	3.20 (1.14)	3.63 (1.12)	3.26 (1.16)	22.16***
7. 大声で会話をしている	3.66 (1.09)	3.82 (1.04)	4.06 (1.04)	4.16 (0.94)	4.10 (1.01)	14.73***
8. 香水くさい，酒臭いなどの臭害	3.87 (1.04)	3.77 (1.04)	3.75 (1.10)	4.10 (0.93)	3.92 (1.02)	5.82***
9. 電車内で化粧をしている	2.86 (1.15)	3.36 (1.10)	3.85 (1.16)	2.63 (1.22)	3.32 (1.16)	55.53***
10. ドアの開閉時に扉の間近に立っているのにどかない	3.87 (1.05)	4.32 (0.84)	4.02 (1.10)	4.44 (0.88)	4.44 (0.86)	21.97***
11. ホームで並んでいる列に横入りをする	4.38 (0.80)	4.43 (0.81)	4.43 (0.80)	4.55 (0.69)	4.65 (0.60)	7.77***
12. ドアの付近に座り込んでいる	4.34 (0.88)	4.49 (0.76)	4.45 (0.85)	4.57 (0.72)	4.53 (0.77)	3.94**
13. 電車内で飲食をしている	2.81 (1.16)	3.11 (1.15)	3.32 (1.19)	2.98 (1.23)	3.17 (1.29)	13.67***
14. 隣に座っている人が貧乏揺すりをしている	2.66 (1.22)	2.97 (1.29)	3.41 (1.20)	3.03 (1.21)	2.88 (1.23)	21.32***

※（　）内は標準偏差。　　　　***$p<.001$，**$p<.01$

車内に響くような行為は悪質と見なされていても、メール使用は問題にされていないのです。

ここで考えたいのは、会話もメールの使用も、ペースメーカーへの影響は共通しているということです。影響があるならば、利用自体が配慮に欠ける行為なわけですから、〝無神経だ〟などの評価は、会話・メールに関係なく高い値を示すはずです。そうした結果が得られていないので、実は多くの人が、携帯の電磁波がペースメーカーに及ぼす影響に、疑問を持っているのかもしれません。

もちろんこの問題は、技術の進歩とも密接に関連しています。電磁波がペースメーカーに及ぼす影響に関して、医学的に検討した研究もないわけではありません（須賀たち 二〇〇二）が、やはり電磁波の影響については否定的で、ペースメーカーの乱れは主観的な訴えである、いわばプラセーボ効果であると推定されています。注目すべきは、この実験で使われたデジタル携帯電話が、当時もっとも普及していた2Gと呼ばれる、第二世代通信技術によるものが使われていたと予測される点です。

現在の携帯電話は、3Gと呼ばれる第三世代通信技術や、三・九世代と呼ばれるLTEが、通信規格の主流となっています。これらの規格は実験の結果、ペースメーカーに影響を及ぼさないことが確認されています（総務省 二〇一四）。そういった背景もあり、最近は優先席付近での電源オフの呼びかけも、見直されつつあります（林 二〇一三）。

ペースメーカー自体も技術革新が進み、電磁波の影響を受けにくい設計になっていると考えると、「優先席付近での電源オフ」というのは、誰も気にとめることがなくなっていくと思われます。いずれは、それでも「優先席だろ！ 電源を切れ!!」と怒る人のほうが、周囲から迷惑だと思われることになるでしょう。

このように、私たちが疑うこともなく当たり前だとか、正しいと思っていることも、時が経てばそうでなくなったり、まったく逆の評価になることがあるのです。正しいという思い込みで、自身が周囲に迷惑を及ぼさないためにも、やはり〝考える〟ことは必要なのです。

●視点が変われば正しいも変わる

そもそも正しいとは、どういうことでしょうか。〝まがっていないとか良いとすること、法・規則などにかなっている〟というのが、辞書に載っているような定義です。一見、何の問題もないように感じるかもしれませんが、これが大きな齟齬を生じる原因になっています。

法や規則については、齟齬が起きる余地はありません。集団で共有され・明示されているため、少なくともその集団内では間違いなく、共通した「正しさ」だからです。しかし、〝良いとすること〟は主観であり、何をもって良いと考えるのかは十人十色です。

一例として、交通量の少ない、夜間の幹線国道をケースに、どういうことかを考えてみましょう。「制限速度を守って車の流れに乗り、安全運転をしよう」というのが、現実の社会場面から乖離していることは、多くの人がご存知でしょう。特に、交通量が減った夜の幹線国道では、制限速度を守っている車のほうが少ない状況です。地方の道路は交通量がさらに少なく、時間帯によってはほぼゼロという場所もあるでしょう。高速代金を浮かそうと、トラックやトレーラーが猛スピードで走り抜けるというのも、よく見る光景です。

事故分析においても、深夜のほうがスピードを出すため、死亡事故が増加することが示されています（林たち 一九九八）。そんな中で、時速六〇キロ以下で走ろうものなら、「邪魔だ！」とばかりに、後ろからあおられることすらあります。制限速度を大幅に超えたスピードで車が流れているわけですから、両方を満たすことなどできるはずがありません。

これを、これまで説明してきた社会規範と迷惑行為の枠組みでとらえると、速度違反をしながら走るドライバーも、制限速度を守っているドライバーも、共に「正しい」と主張できてしまうのです。議論や主張がかみ合わない根源は、ここにあります。

社会規範の枠組みで解釈すると、制限速度を遵守しているドライバーが正しいとする根拠は、法で定められた命令的規範になります。明文化されたルールや法律に違反した行為なので、「どうしてそんな危ないスピードを出すのだ。ルールを守れよ！」と不快になる（＝迷惑だと感じる）のです。恐らくは、自身が迷惑を及ぼしているとか正しくないなどとは、微塵も思っていないでしょう。こういう人にとって、車の流れを乱すことになっても、道路交通法は強力な〝錦の御旗〟として作用しています。

一方、「こんなにガラガラで歩行者もいないのだから、制限速度をなぜ守る必要があるのだ！」とばかりに、アクセルを踏み込むドライバーはどうでしょうか。明確な道路交通法違反であるため、自身が周囲に「危ない運転だなぁ……」と思われている自覚を持つ人もいるでしょう。しかしそれを認めてしまうと、「自分は間違ったことをしていない」と、「周囲に危ない運転だと、迷惑がられている」という、二つの認知の間に不協和が生じ、アクセルを踏むのに強い戸惑いを感じます。

そこで、交通量の少なさや時間効率、早く帰りたい（行きたい）・飛ばしたいといった個人の欲求を、正しいとする根拠にするのです。車の流れに乗るよりも、混雑していないことなどを正当化の根拠にしているので、先頭に立ってスピードを出し、警察の速度取り締まりを受けやすいタイプです。

さらにもう一つ、先頭を走る車について行く形で、つられてスピードを出すドライバーが存在します。これにより、制限速度を大幅に超えた車の流れが醸成され、「多くの車は制限速度を守っていない」「制限速度はオーバーしているが、周囲のとる行動に準拠するべきだ」という形で、速度超過が記述的規範として機能します。みんながやっているからというのは、速度違反に対する正当性を主張する、強い根拠となるからです（レフコウィッツたち 一九五五）。

留意しておかねばならないのは、すべての速度違反をするドライバーが、「こんな空いている道で、制限速度を守る必要がどこにある！」と、アクセルを踏んでいるわけではない点です。出したくないのに周囲がそんな速度を出しているので、怖いと思いながらアクセルを踏んでいるパターンです。先頭を切って走るドライバーと、その後を仕方なく追走する人たちは、切り分けて考える必要があります。

これら三つの立場それぞれの心理を述べれば、制限速度を守っているドライバーは、「制限速度をきちんと守っている自分が、正しいに決まっている！」であり、追い越し車線の先頭を走るドライバーからすれば、「こんな夜のガラガラに空いた道では、制限速度を守って走る車は鬱陶しいだけだ！」といったところでしょう。その後を追走している多くの車は、「こんな時間は車の流れに乗るべきだ、制限速度を守っている場合ではない！」とか「こんな凄いスピードを出して怖いなぁ、これだから深夜の国道は嫌いだ……」といったところでしょう。

二つの立場はいずれも、自身が良いとした基準に従っているので、すべて正しいことになります。しかし、それぞれの考え方は完全に食い違っており、お互いのことを不快に思っています。先頭でアクセルを踏み込むドライバーは、制限速度をきちんと守る車にイライラさせられるでしょう。逆に制限速度を守っている側は、「危ない暴走車め！」……と腹を立てているはずです。車の流れに乗ることを是とする人たちからは、流れを乱す車ということで、どちらも嫌がられています。速度違反をしているかいないかという、単純な二分ではなく、同調者という存在も含めた解釈が、メカニズムを理解する上で重要なのです。

これと同様の現象が、北折と吉田（二〇〇〇a）による、歩行者の類型分けに基づいた分類で実証されています。北折たちは、命令的規範と記述的規範が影響するプロセスとして、信号無視行動が多く見られる交差点を自然観察し、歩行者タイプの分類を行いました。

命令的規範に、赤信号では渡ってはいけないとするルールが対応します。もう一つの記述的規範は、多くの人々が実際にとる行動に基づいているので、交差点にさしかかったと

図 16　北折と吉田（2000a）で観察対象とした交差点（当時）

きに、「周囲の人たちはみんな渡っている（止まっている）」といった知覚が対応します。

これら二つの規範は、周囲の人たちが信号に従っていれば、共に信号遵守を志向する形で一致します。ところが、周囲の他者が信号に従わずに渡っていれば、記述的規範が信号無視を志向させるため、二つの規範の間に葛藤が生じるのです。二つの社会規範が異なる行動を志向している状況下で、どういった行動判断が行われるのか、観察されたエピソードから歩行者行動の特徴を明らかにしました。

具体的な観察は、N市C区の交差点において、周囲の交通に支障が生じない場所から撮影を行い、これをもとに歩行者行動をまとめました。この交差点は図16に示すように、幹線道路に対する側道を横断する形で設置されています。道幅は約七・八メートルで、車の通行量は時間帯により多少変動しますが、歩行者信号が赤の間に平均して五・八八（SD＝二・五三）台の車の通過が見られました。また、歩行者信号の赤現示時間の平均は五五・三四（SD＝一・一〇）秒で、間断なく車が通過していたことは一度もありませんでした。

観察当時、この交差点は地下鉄の駅とN大学の中間に位置し、学生の通学路となっているため、観察対象はN大学の学生が大半でした。撮影は、八時台から一五時台の各時間帯について、信号が青の点滅から赤になった瞬間より、再び青になるまでの間を本観察での一単位と定義し、各時間帯の初めから七単位を分析対象としました。その上で、個人は原則として五番目に交差点へさしかかった人をサンプルとして抽出し、表7のような行動記録をとりました。

集団は、ビデオ観察中に交差点を通過した集団を対象に、表8のような行動記録をとりました。集団の内訳は、全五〇集団中二人組が四六集団であり、事実上友人同士二人でさしかかったケースがほとんどでした。また、グループが交差点で分裂し、止まる人と渡ってしまう人に分かれたことはありませんでした。

その上で、記述的規範を以下の基準により分類し、五番目にさしかかった歩行者が、前

表7　個人行動観察記録（北折と吉田，2000a より一部抜粋）

8：17	黒い服に白いズボンの，肩掛けカバンの男性。2人目。記述的規範は，さしかかった最初の1人が止まっており，“止まれ”。しかしながら確信犯で，躊躇がほとんど見られない。堂々と渡っていった。信号，止まっている人に対して，全く注意が向けられていない。
	× × ×
10：38	自転車を引いて渡っている年配の女性。5人目。記述的規範は，初めは4人とも（2人組が2組）止まっており，“止まれ”であった。しかしながら，6人目が躊躇せずに交差点に進入した結果，つられてその場にいた人の全員が渡ってしまった。初めの1人に，明らかに周りの多くの人が影響されたケースである。この女性も，明らかに流されている（このケースは，最終的に“渡れ”状況で渡ったと判定された)。
	× × ×
15：30	赤いマフラーに，ダウンのジャケットを着た，自転車に乗った男性。5人目。記述的規範は，前の4人が全く躊躇せずに渡っており，明白に“渡れ”。本人も全く自転車のスピードを落とすこともないまま，確信犯。信号に対する意識がまったくないのは明らか。左右もきちんと確認していない。

表8　集団行動観察記録（北折と吉田，2000aより一部抜粋）

8：26	若い男性３人組。交差点進入時，すでに３人が止まっており，記述的規範は“止まれ”。３人とも渡る気配が全くなし。後続も渡らないまま，結局誰一人としてこの単位の間に渡った人はいなかった。
	×　×　×
12：38	男性２人組。記述的規範は“渡れ”。左側は右側に明らかにつられていると思われる。右側は確信犯で，躊躇は全くない。左側は仕方なくという感じで，明らかに同調である。
	×　×　×
15：44	若い女性２人組。話をしていたが，前の２人組が渡ったのに触発された形で前へ。これにより記述的規範が“渡れ”になり，右の女の子が迷いながら渡りはじめ（かなりインターバルがあった），左側は明らかに躊躇している様子であったが結局同調。渡ってしまった。

の人がとっている行動にどう影響されるのか集計しました。

渡れ……その場にいる人のうち過半数が、明らかに信号無視をして渡ったケース。

止まれ……その場にいる人のうち過半数が、明らかに渡らずに止まっているケース。

ニュートラル……渡る人と止まる人のどちらが多いかが判別不能な場合ですが、事実上、一単位間の通過が一人もしくは一組であったケース。

三つの記述的規範と、実際に

観察した歩行者がとった行動を三×二のクロス集計表を用い、個人・集団行動記録別にFisher Exact Testに準じた直接確率検定を行ったものが、図17と図18になります。集団および個人いずれの場合も、セル内に五以下の数値が存在するので、カイ二乗検定を実施することはできませんが、個人（$p < .05$）および集団（$p < .01$）について有意差が見られました。周囲が渡っていればつられて渡るという、記述的規範の強い影響力が、個人・集団を問わず確認されました。

また、ビデオ観察全般を通じ、一人が信号を無視して渡り始めると、これにつられて周囲の人も渡り始めることは多々あったのですが、逆に一人が信号を守ることで、多数者もこれに従って止まることは、ほとんどありませんでした。こうしたエピソードを含め、記述的規範の影響を絡めて解釈すると、歩行者を以下の三つに分類できます。

確信犯型……信号に対してまったく注意を払わない。記述的規範に影響されず、周囲がどのような行動をとっていても、一貫して信号を無視すると推定される。行動に躊躇が見られず、左右の確認すらしない場合もあり、危険なケースも散見される。

同調型……記述的規範に行動判断が依存する。観察中、初めは止まっていたにもかかわらず、後続が渡ったことで、つられて渡ってしまったようなケースなどが対応する。信号

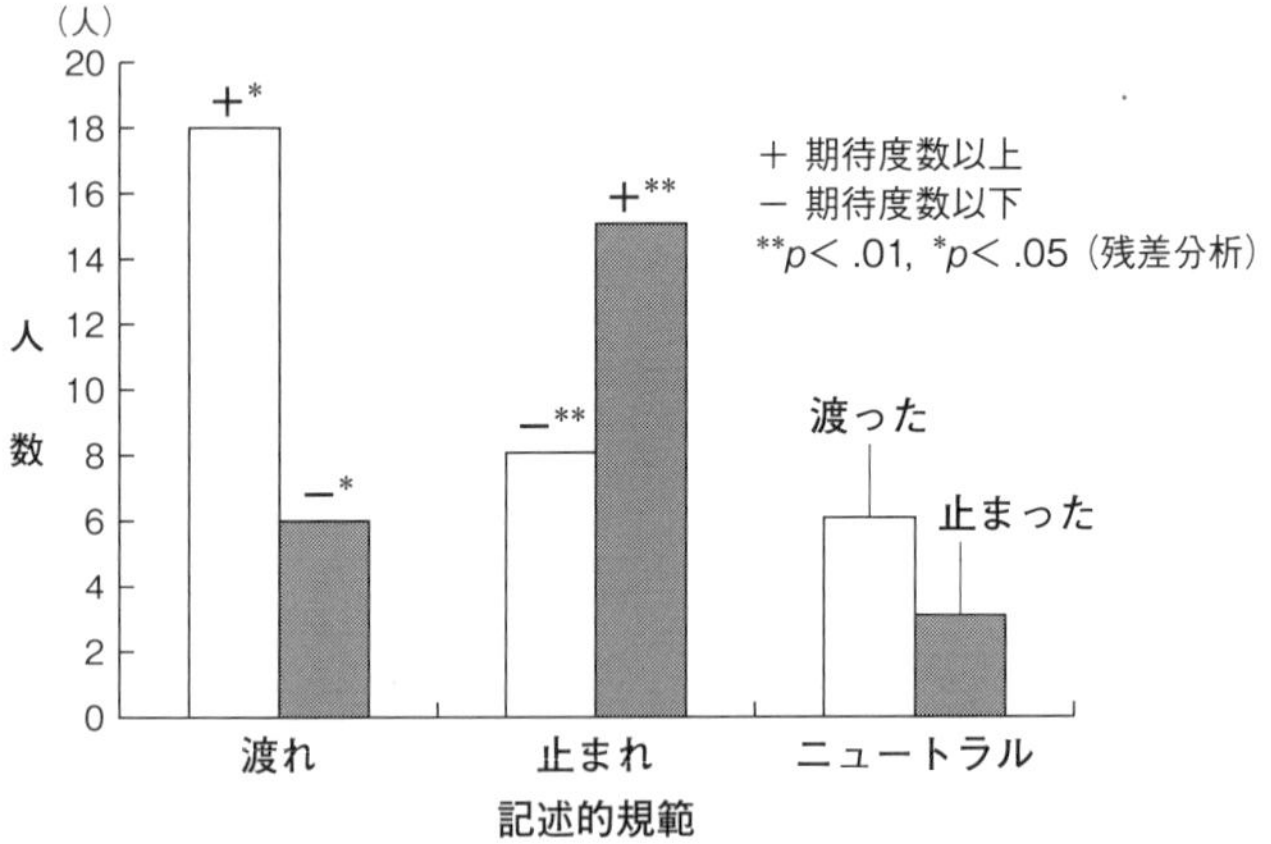

図 17　状況的規範別の行動の出現頻度（個人）（北折と吉田，2000a）

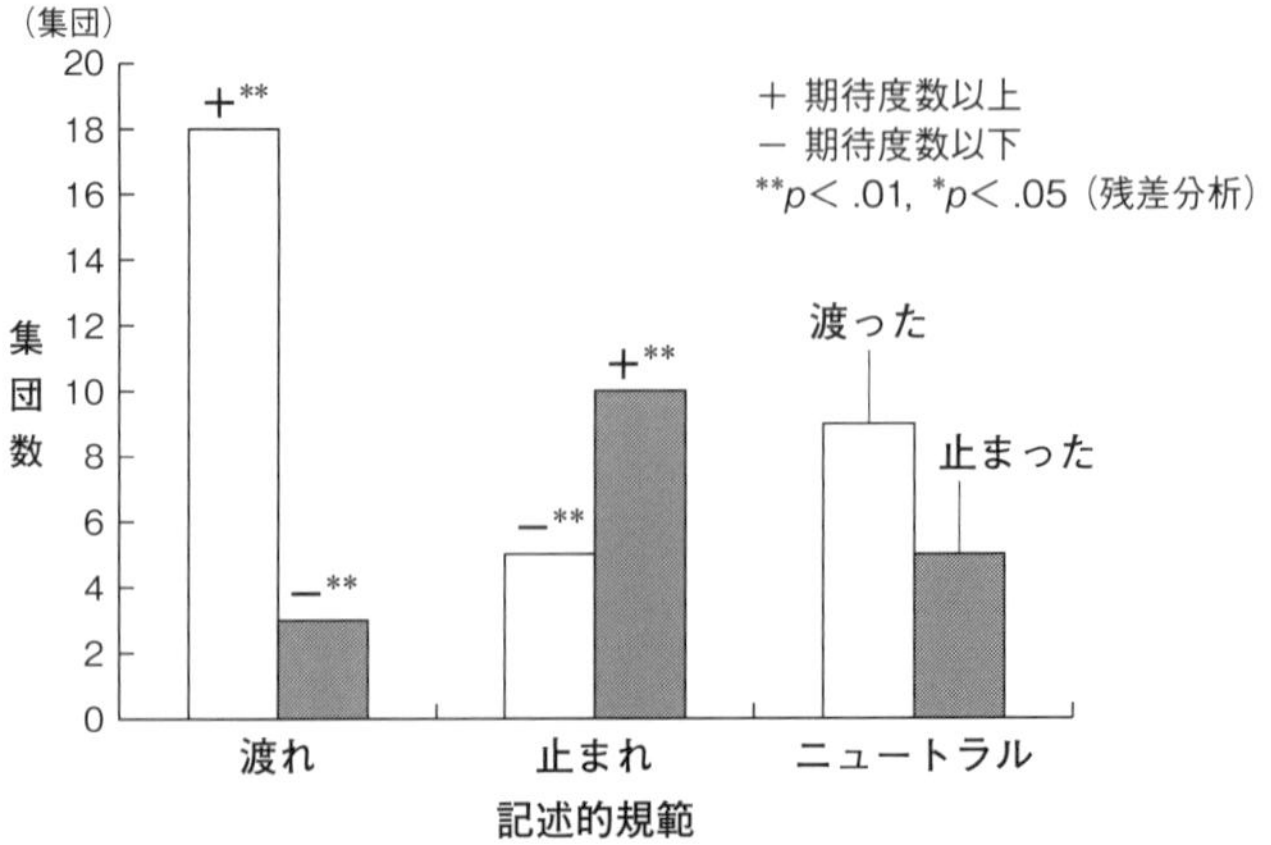

図 18　状況的規範別の行動の出現頻度（集団）（北折と吉田，2000a）

を無視して渡るときには、躊躇が見られることも多い。

遵守型……記述的規範に影響されることなく、信号を守る。すなわち、周囲の他者が止まっているときばかりでなく、他者が全員無視して渡ってしまっても、一貫して命令的規範に従い、信号を守って止まっている。


この三類型に分類することで、歩行者が何を正しいと考えているのかをとらえることができます。確信犯は、効率的な行動をもっとも重視しているがゆえ、記述的規範が〝止まれ〟や〝ニュートラル〟のときにも躊躇なく渡るタイプです。自分が渡り始めることで、記述的規範に従って止まっている人たちを渡らせてしまうので、ルールに反する行動を引き起こす、トリガー（引き金）としての機能を果たします。初めに信号を無視して渡り始めるトリガーは、他者の逸脱行為を引き起こす少数者にすぎません。しかし、周囲の信号無視を促進する要因として大きな影響力を持ち、集団状況の中で個人がとる行動を理解する上で、無視できない存在なのです。

同調型は、周囲の他者がどうしているのかが鍵になるわけですから、確信犯がトリガーにならなければ、危険な信号無視は起きません。そして、三つの型に分類したときに、この同調型に分類される歩行者が、もっとも高い比率である点は、留意しなくてはなりません。信号を遵守する側に傾くのも、ゾロゾロと渡ってしまうのも、ほんの少数のトリガー次第なのです。

このように、ある切り口から見れば正しいと判断されることが、別の立場から見ればそうでないということは、世の中にごまんとあります。それでも自分の視点を正しいと思い込んでいる限り、議論は平行線のままなのです。

●返報性について（時代や国境を越えたルール）

ここまで、時間軸や立場により何が正しいかは大きく異なる、実はとても曖昧で流動的であることを述べてきました。誤解のないようにいっておきますが、多くのケースでは、ルールに従わないことは正しいとはいえませんし、周囲に多大な迷惑を及ぼします。

それにしても、確信を持って正しいと思っていたこと、当たり前のように守るべきだと思っていたルールが、かくも幻のようなものだと知れば、なんだか落ち着かない人も多いと思います。すべての人に共通で、いつの時代にも共通のルールというのは、存在しないのでしょうか？

実は、〝返報性（互恵性）〟と呼ばれる原理だけは、全世界・いつの時代にも共通のルールとされています。これは、何かしてくれた人にはお返しをしなければならないとか、そういう相手を傷つけてはいけないといった、いわゆる「ギブ・アンド・テイク」のルールを意味します。グルドナー（一九六〇）はこれを、機能的な側面や搾取が社会構造の中で何をもたらすのかなど、多岐にわたる検討を加えました。その結果として、返報性はユニバーサル（世界共通）なルールであると結論づけたのです。

私たちは子どもの頃から、教育を通じてこのルールを、強くたたき込まれています。よその人から何かもらったり、親切にされたときに、「ほら！　ありがとうは!!」などと、お母さんにせっつかれた経験がある人は多いと思います。「〇〇したのにありがとうの一言もない！」という話を聞くと、非常識な人だと、不快になる人は多いでしょうし、恩を仇で返すような人とは、搾取されないよう距離をおこうとするものです。

それゆえ、返報性は大きな心理的負担ともなり得ます。お正月に、大して親しくもない人から年賀状をもらったとき、「どうしてこの人は年賀状をくれたのだろう」と戸惑いつつ、適当に書いてポストに走った経験のある方は多いはずです。本来は挨拶状なわけですから、無理に返事を出す必要はないのです。それでも、親しくない人でも年賀状を出さないのが気持ち悪くて仕方がないのは、出さないと返報性に反するからなのです。

さらにいえば、「世の中返報性でできている」と言い切ってしまえるほど、このルールは社会を規定する要となっています。

たとえばビジネスは、基本的にこの原理の上に成り立っています。「以前うちの製品を買ってくれたから、御社と取引をしましょう」「いつもうちの製品を買ってくれているので、今回は値引をさせていただきます」などというのは、会社間ではよくある話です。不景気のご時世、昔ほどはないのでしょうが、自社製品を買ってくれたお礼に、相手を接待するというのは、営業の仕事において大きな意味を持ちます。すべて、返報性に基づく企業間のやりとりといえます。

また、特に公共サービスにおいては、社会全体に多大な悪影響を及ぼすため、返報性に基づくやりとりは、犯罪として処断されます。すなわち、新聞を賑わす政治家の選挙違反や、公務員の汚職事件です。「票を集める見返りに、現金〇〇円を渡した疑いがもたれている」とか「入札の便宜を図った見返りに、現金××万円を受け取った」など、これらに共通する〝見返り〟は、返報性そのものです。

世界史を紐解いてみても、汚職が蔓延して国家が倒されるということは、幾度となく繰り返されてきました。古来より返報性の原理は、強固に行動判断に影響し、良くも悪くも社会を動かす原動力となってきたのです。

さらに壮大で、時空を超えたレベルのエピソードもあります。それは二〇一五年に、

『海難1890』というタイトルで映画も公開された、トルコと日本との二国間における実話です。筆者はこの話を、高校時代の世界史の教科書で知りました。先生が、「日本人はこういう優しさを持っている、君たちも覚えておいてほしい」と話しておられたことが、印象に残っています。

この話はまず、一八九〇年九月に起きた、エルトゥールル号の遭難事故に端を発します。この木造軍艦は、オスマン帝国より明治天皇に皇帝親書を持参し、一年近い航海を経て、六月に日本にやってきました。しかし、日本に着いた時点では、乗員の消耗や物資・資金の不足が限界に達し、追い打ちをかけるようにコレラの発症に見舞われます(秋月 二〇一〇)。見かねた日本側が、台風の時期をやり過ごしてから帰るよう勧告したのですが、帝国の弱体化が露呈することを恐れたといった背景もあり、「本国からの通達による」などと理由を掲げ、九月に出航を強行してしまいました。

そして、不幸な予感は的中し、エルトゥールル号は紀伊半島沖で台風による強風にあおられ、岩場に衝突して沈没してしまいます。さらに悪いことに、エンジンに海水が入って水蒸気爆発を起こし、船は木っ端微塵となってしまうのです。最終的にこの事故は、乗組員六〇〇名近くが死亡し、わずかに六九名が助かったという大惨事となりましたが、物語はここから始まります。

当時、エルトゥールル号が遭難した和歌山県の大島村の樫野地区は、小さな貧しい集落でした。しかし、樫野地区の人たちは救助に全力を尽くし、生き残ったトルコの人たちに、庭で大切に飼っていた鶏をも食べさせ、献身的にケアをしたのです。もちろん明治時代の話ですから、ガスも電気も電話も引かれていません。その時代の人にとって、自分よりもずっと大柄な異国人は、いわば宇宙人のような未知の存在だったかもしれません。それでも人々は、異国で遭難した人たちを想い、献身的にケアをしたのです。

このエピソードは、トルコでは小学校の教科書にも掲載されています。トルコの人たちは、この事件の報道を見て親日感情を抱き、今に至るまでこれを語り継いでくれているのです。

そして、話はこれで終わりではありません。時はいきなり飛んで一九八五年三月一八日、イラン・イラク戦争真っ只中のことです。決して、遠い昔の話ではありません。

当時、一九八〇年のイラクによるイラン侵攻に端を発し、この二国間は戦争状態にありました。そして運命のこの日、イラクのフセイン大統領が、「三月二〇日の午後二時以降、イランの首都テヘラン上空を飛ぶ飛行機は、軍用機・航空機の区別に関係なく撃墜する」と、突如発表したのです。これは、このときまでにテヘランを飛行機で脱出できなければ、テヘラン在住の日本人は、もう日本には帰れないことを意味します。

この時点で、テヘラン市内には約三〇〇人の日本人がいたのですが、彼らも含め各国の人々が、イランを脱出しようと空港のカウンターに殺到しました。問題は、こういうときに各国の航空会社は、自国民を優先するという事実です。たとえばエールフランスならフランス人、ルフトハンザならドイツ人が優先されます。これは批判されるようなことではありません。他国民を助ければ本国で、「なぜ自国民を助けないのか」という非難が起きるからです。他国の航空会社のチケットは、日本人にとっては紙切れと化しました。

そうなれば、日本人を助けるには日本航空が飛ぶしかありません。当時、日本とテヘランの間に直行便は飛んでおらず、政府も臨時便を飛ばすよう要請したのですが、日航側は乗務員の安全確保のため、イランとイラクに航行安全の確約をとるという条件をつけました。結果的に、イランの確約はとれたものの、攻撃する側のイラクがそんな確約をするはずもなく、救援機がテヘランに向かうことはありませんでした。

現在では、このような事態が生じたとき、自衛隊が救援機を飛ばすことになっているのですが、当時はそんなルールはありませんでした。このままではテヘランを脱出することもできず、昼夜の爆撃にさらされる中での、現地日本人の絶望感というのは、計り知れないものだったと思います。

そんな中、空襲警報が響くテヘランのメヘラバード空港に、定期便に臨時便が寄り添う形で、二機のトルコ航空機が降りてきました。そして、一機目には日本人全員を、二機目には残りの日本人とトルコ人を乗せてトルコへ飛び立ち、日本人全員が救出されたのです。タイムリミットまで二時間を切っている、ぎりぎりのタイミングでした。ちなみにこのとき、イラン国内にいた残りのトルコの人たちは、陸路を数日かけて脱出しています。つまり、トルコは自国民よりも、日本人を優先して助けてくれたのです。そして、トルコ国内から、これを批判する声が上がることもありませんでした。

この話は、当事者の書かれた著書（森永 二〇一〇）も含め、児童向けに書かれた絵本なども出ています（小暮 二〇〇三、寮 二〇一三など）。エピソードの詳細はそちらに譲るとして、どうしてトルコは日本人を助けてくれたのでしょうか。

後日、元駐日トルコ大使のネジアティ・ウトカン氏は、「エルトゥールル号の事故に際して、日本人がして下さった献身的な救助活動を、今もトルコの人たちは忘れていません。私も小学生の頃、歴史教科書で学びました。トルコでは子どもたちでさえ、エルトゥールル号のことを知っています。今の日本人が知らないだけです。それでテヘランで困っている日本人を助けようと、トルコ航空機が飛んだのです」と語っています。つまり公の立場の人の口から、一〇〇年前に行われた、日本人の行為に対するお返しであるという話が出ているのです。世界を股にかけ、時間を超越した、これほど壮大な、返報性の原理を象徴したエピソードはないと思います。

さらにその後日談として、一九九九年のトルコ北西部地震では、この飛行機で助けられた人たちが、トルコのための募金集めに奔走していますし、トルコ東部ヴァン県を震源とする大地震が発生した際にも、日本政府は緊急援助物資（テント五〇〇張）を供与しています。そのお返しとして、二〇一一年の東日本大震災の際には、三二名の支援・救助チームがトルコから派遣されています（外務省 二〇一四）。素晴らしい二国間の友好関係ですが、これらの一連の流れは、心理学的に見れば、返報性の連鎖とも解釈できます。返報性の影響力の強さと普遍性を、これらのエピソードが象徴しているのです。

●社会的公正と迷惑行為

返報性は、宗教的な観念でいう「因果応報」と呼ばれるものに近い、自分のインプット（行い）とアウトプット（リターン）が対応するという、単純な原理です。ただしあくまでも、「親切にしてもらったら親切でお返しをしなければならない」という、互恵的な正の側面に限られています。因果応報は、悪いことをすれば悪いことが返ってくるという、負の側面も含む概念です。返報性の中に、こうした負の連鎖を含めてしまうことは、議論の余地があるでしょう。

このような応報も含めた、社会心理学の研究テーマに、社会的公正という概念があります。人は常に、正しさについての判断を行っています。これらは公正（justice, fairness）と呼ばれ、あらゆる社会的事象に対する判断において行われています（山口たち 二〇〇三）。山口たちは、公正に関わる判断がいかに行われるかについて、分配的公正（distributive justice）・相対的剥奪（relative deprivation）・手続き的公正（procedural justice）・報復的公正（retributive justice）という、四つがあることを指摘しています（他にタイラーたち 一九九七）。それぞれ、どういった判断プロセスなのでしょうか。

分配的公正に関わる判断とは、集団あるいは二者間において、報酬や負担などが、公正に行われているかどうかを指します。この分配的公正判断に関する研究は、アダムス（一九六五）の衡平理論（equity theory）に準じており、どういった分配を受けると衡平に扱われていると認知し、また満足を感じるのか、衡平でない扱いを受けたとき、それにどう対処していくのかなどに主眼をおいています。

衡平であることは、高い満足感を得る上で鍵となります。アダムスによれば、自身が投入した労力（input : I）とその結果得られた報酬（outcome : O）の比率（O/I）が等しい場合が、衡平であると定義されています。衡平である状況をもっとも公正であると認知し

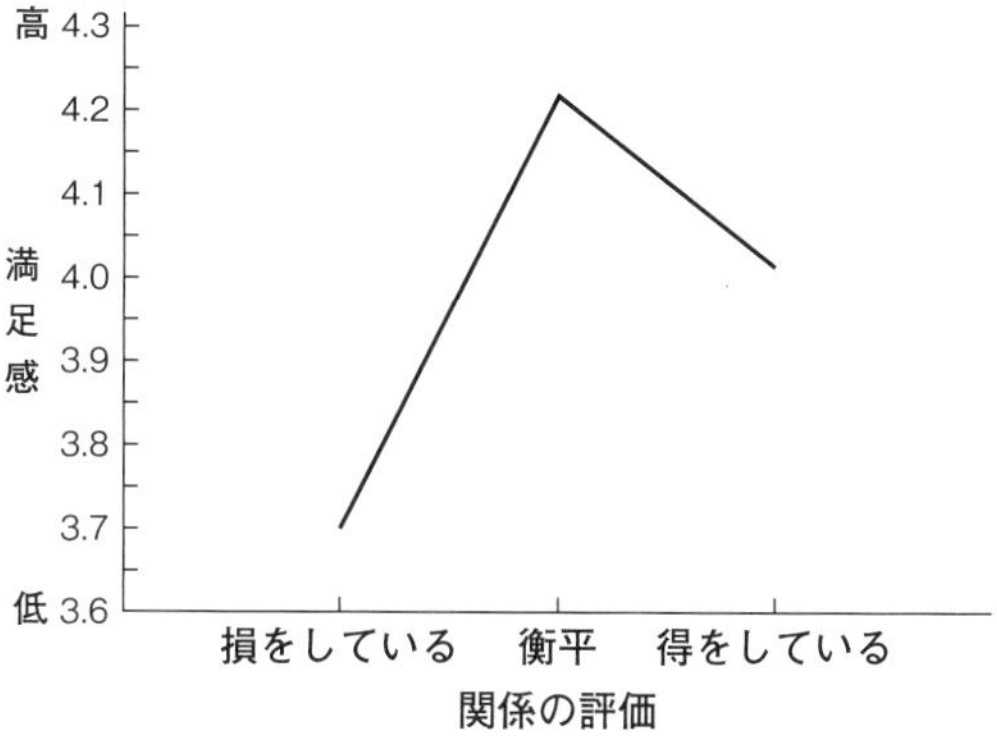

図 19　パートナーとの関係性と満足感（ヴァンイペーレンとブーク, 1994 より）

ており、自分の利益が多い場合に満足を感じるわけではありません。男女関係の満足感に関する、ヴァンイペーレンとブーク（一九九四）の研究では、自分とパートナーとの関係評価において、衡平であると感じている場合において、むしろ得をしている場合よりも高い満足度を示しています（図19）。この結果も、返報性の原理が及ぼす強い影響力を示しています。

相対的剥奪は、満足感が絶対的なものではなく、他者との対比によるものであるという観点から、公正をとらえたものです。「これは自分が適正に得られるものだ」という判断基準が、他者との比較を通して行われるということです。たとえば、生活していくのには十分で、貯蓄をする余裕があるほどの給料であっても、同程度の能力を持つ同僚よりも低ければ、「自分は搾取されている!」と、待遇に不満を持つというわけです。また、相対的剥奪には個人的なものと集団的なものがあります(ランシマン 一九六六)。一般に、集団的相対的剥奪のほうが、不公正を感じやすいとされています。

手続き的公正は、分配された結果ではなく、どのようなプロセスを経たとか、意思決定がなされたのかといった、その過程に着目したものです。理論との親和性が高いためか、裁判手続きや紛争解決などを対象とした研究が多く、仮に自身に不利な決定であったとしても、その判断に至るまでが公正であると認知すれば、その結果を受け入れるといった、興味深い知見も得られています(ティボーとウォーカー 一九七五)。ティボーたちの手続き的公正研究によれば、法制度に則った公正な手続きを経ることで、国や社会に対する誇りや忠誠心を高め、親和的な態度を強く抱くようになります(大渕と福野 二〇〇三)。

報復的公正とは、逸脱者に対して、相応のペナルティが与えられているかどうかに関する公正です。ルールや社会規範が破られた場合、どんな制裁を科すことが適切であるかといった、報復の心理を対象としています。

この公正において興味深いのは、衡平理論では説明できない行為の意図性です。単純に衡平理論で解釈すれば、ペナルティは生じた被害の大きさに対応することになります。しかし、ホーライ（一九七七）の研究では、故意に規則違反をした結果、幸い大事に至らなかったケースのほうが、意図しないで大事を引き起こしてしまった場合よりも、厳しく罰せられていました。故意や悪意があったかどうかは、公正かどうかを考える上で、生じた被害以上に大きな鍵となるのです。

社会をどの程度公正であると感じているかは、社会的公正感と定義され、心理的ストレスと強く関連しています（西迫 二〇〇三）。自身が不公正に扱われており、搾取されていると感じれば、強い不快感を覚えるのは当然です。これは、行為を迷惑であるという認知が、社会的公正と強く関連していることを意味します。中島と吉田（二〇〇八）は、迷惑行為により不公正な目に遭ったと認知することが、個人や社会にどう影響するのかについて検討しています。

中島たちは、オースティンとウォルスター（一九七四）の提唱した、「世界に対する衡平（Equity with the World：EwW）」を拡張する形で、迷惑行為の連鎖について検討を行いました。EwWとは、単純な二者間の関係ではなく、複数の関係を通じて帳尻を合わせ、全体を通じて衡平であることを志向するというものです。ルール違反や迷惑行為についても、こうした連鎖が成り立つのかについて、傘の持ち去り場面を用いた調査を実施しました。

雨が降るかもしれないと外出先に傘を持参して、傘立てに立てて建物の中に入ったものの、戻ってみると傘がなくなっていたということは、多くの人が経験していると思います。傘を持ってこなかった人が、雨が降り出したために困っていたところ、ふと目にした他人の傘を、悪いと思いつつ拝借したという構図です。持って行かれてしまった側は、非常に腹立たしく思うでしょうし、迷惑この上ない行為でしょう。しかしふと見ると、他の人の傘がまだ立てかけられており、その傘をさして帰れば濡れることもありません。

そもそも、自分は傘を持って来たわけで、そういう意味では被害者なのです。以前、電車の中で、「傘パクされて腹が立ったから、パクリ返してやった！」と、友人に話している高校生を見かけたことがありました。〝パクリ返し〟という言葉を単純に解釈すれば、自分の持ち物を奪った相手から、別の物を奪うことを意味するはずですが、この場合はまったく無関係な、第三者の傘を持ち去ることを意味します。本来は、パクリ〝返す〟という表現が成立するシチュエーションではないのですが、自身がされたことを別の第三者にすることで、EwWを保とうとしているのでしょう。

中島たちは、そうした傘を盗られた被搾取の状況ともう一つ、親切な人から困っている状況で傘を提供してもらった被提供を想起させる、図20のような仮想場面を提示しました。その上で、基本的意図、第三者への意図、同一人物への意図として、被提供・被搾取それ

【被提供】

ある日，あなたは本を買いに出かけた。用事を済ませて帰宅しようとすると，外で強い雨が降っていることに気づいた。そのとき来店したAさんが，あなたの様子を見て「私は折りたたみ傘を持っているので，このビニール傘を使いますか？」と声をかけ，Aさんはビニール傘を傘立てに置いて，店内へ入っていった。雨がやむ様子もなく，あなたは傘を持っていくことにした。あなたは家に帰り，しばらくした後にバイトに行くことになった。置き傘をしようとビニール傘と折りたたみ傘を持ってバイト先に向かったところ，その途中で雨宿りしていた人物（見ず知らずのBさん）の様子が目に入った。

【被搾取】

ある雨の日，あなたは本を買いに出かけた。用事を済ませて帰宅しようとしたが，店の傘立てに置いたはずの傘が見あたらない。その日は，急に雨が降り出したこともあって，先に来店していた誰か（Aさん）が，帰り際にあなたの傘を持っていったのだ。

あなたが傘立てを見ると，そこには別の誰かの傘（Bさんの傘）が置いてあった。

図20　仮想場面の概略（中島と吉田，2008より）

ぞれに対し、下記のような質問に回答を求めました。

【基本的意図】

- 被提供……あなたは傘を複数持っていたとします。もし見知らぬ人が雨宿りをして困っているのを見かけたら、あなたは普段であれば傘を貸してあげますか？
- 被搾取……外出先で急に雨が降ってきたとします。近くの傘立てには、誰かの傘が置いてありました。普段であれば、あなたは置いてある傘を持っていくと思いますか？

【第三者への意図】

●被提供……Bさんに傘を貸して（譲って）あげると思いますか？

●被搾取……Bさんの傘を持っていくと思いますか？

【同一人物への意図】

●被提供……あなたは傘を複数持っていたとします。もし仮に機会があり、後日Aさんが雨宿りをしているのを見かけたら、あなたはAさんに傘を貸して（譲って）あげると思いますか？

●被搾取……もし仮に、後日急な雨にあったとき、Aさんの置いた傘を目にしたらあなたは傘を持っていくと思いますか？

いずれも「1　しないだろう〜5　するだろう」で回答を求めました。搾取意図の得点を逆転させて提供意図とした上で、三要因分散分析を行った結果が図21になります。

これを見る限り、提供を受けた参加者は、基本的条件よりも第三者への提供意図が高まり、同一人物に対しては、ほぼ天井効果ともいえる値を示しています（F（2, 660）= 270.25, p＜.001）。その一方で、搾取を受けた参加者は正反対のパターンを示しました（F（2, 660）= 51.65, p＜.001）。基本的に、第三者に傘を提供するような機会はあまりあり

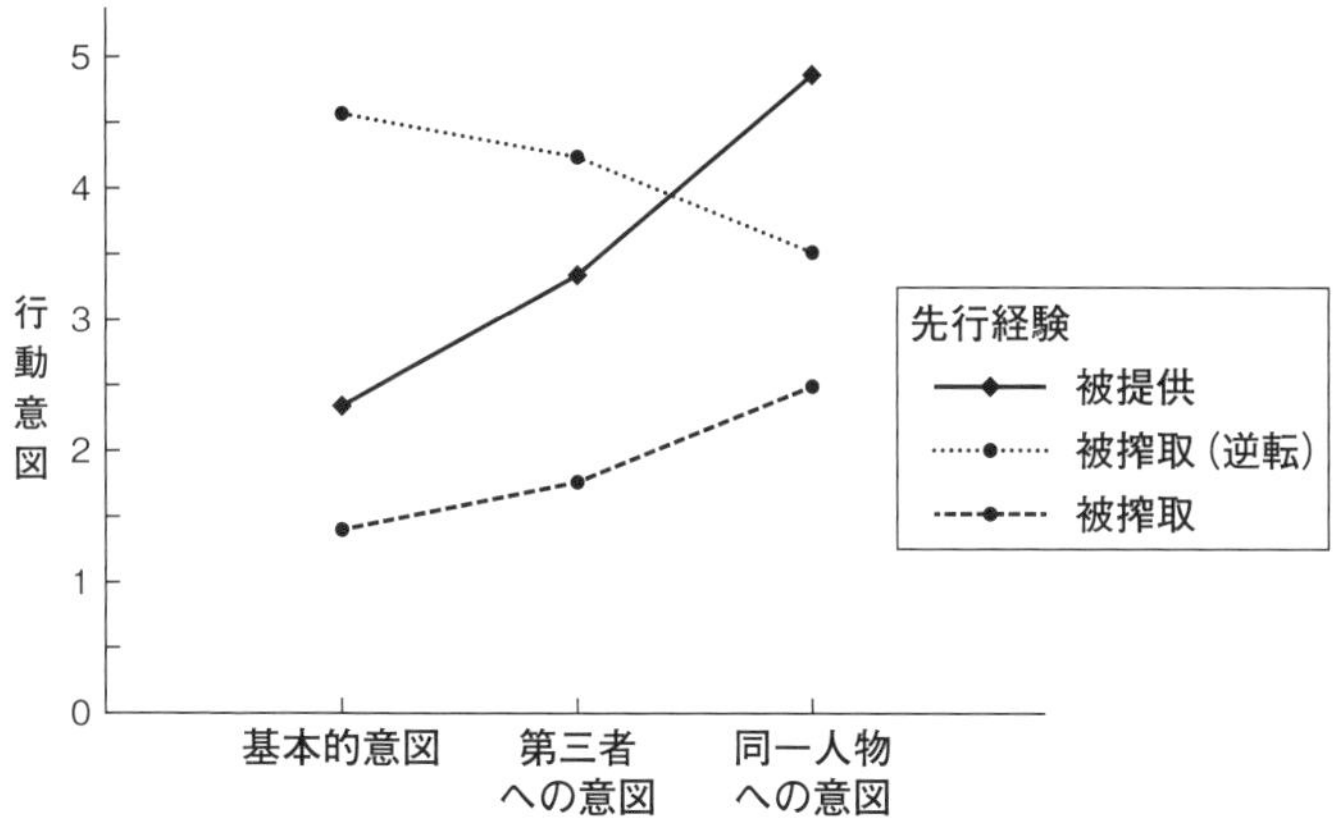

図21　傘場面での先行経験・対象人物による行動意図の比較
（中島と吉田，2008を改変）
「被提供」および「被搾取（逆転）」は，数値が高いほど傘を提供すると回答していたことを示す。「被搾取」は，数値が高いほど傘を奪うと回答していたことを示す。

ません。しかし、過去に誰かから傘を提供されたという経験があれば、それとは別の場面において、困っている人に対して傘を差し出す形で、EwWが見られたのです。

ただし被搾取については、少し注意して見ておく必要があります。上記は「被搾取」を逆転させ、提供意図としてそろえた上で解釈しているのですが、逆転させていない被搾取のグラフを見ると、基本的には傘搾取はしない、床効果ともいえる低い値を示しています。第三者への意図は、少し搾取の意図が上昇し、文字通りの〝パクリ返し〟である、同一人物の傘を持って行くという回答がもっとも高いので、一見EwWが作用しているようにも見えます。ただし、これらは中央値「3」よりも低い値であり、みんなが〝パクリ返し〟をしているわけではありません。

この結果から、EwWの非対称性が読みとれます。自分が困っているときに傘を提供されると、その人に恩返しをしようと強く動機づけられます。しかし、傘を盗られたから、別の人の傘を拝借する〝パクリ返し〟をしようという、意図の増加は強くありません。さらに、「前に自分の傘を持っていったムカツク奴」の傘であっても、それを〝パクリ返してやろう!〟という意図の上昇も限定的でした。これらは傘の拝借が、ルールに反しているという戸惑いによるものと考えられます。

「やられたらやり返す」という言葉がありますが、応報の連鎖が続けば、社会全体が崩壊してしまいます。無関係の人を次々に巻き込む形(第三者への意図)であれば、なおさらです。中島たちの結果は、EwW回復の意図よりも、ルールを守ろうという意識のほうが、強い影響力を及ぼしていることを意味します。こうした遵守意識は、「親切にしてもらったら、自分も同じことをしなければならない」と、EwWを加速させます。その反面、「傘を盗られたからといって、他の人の傘を拝借すれば同じ穴の狢《むじな》になってしまう。そういうことはしてはいけない」というふうに、被搾取場面ではブレーキとして作用するのです。

もっとも、これらは調査に基づく結果であり、現実の社会場面を正確に反映しているとは限りません。聖書には、「右の頬を打たれたら、左の頬をも差し出しなさい」（「マタイ福音書」五章三九節）という言葉があります。しかし、それができる人は多くないどころか、普通は殴られたらカーッとして、即座に反撃する人のほうが多いはずなのです。つまり、仮想場面を思い浮かべながら、自身がどういう行動をとるか想いを至らせて回答する形では、自分の傘がなくなって茫然自失している場面を再現しようにも、限界があるのです。

普通に考えれば、傘置き場から自分の傘がなくなっていれば、一瞬戸惑いと困惑の表情を浮かべた後、怒りがこみ上げてくるはずです。腹を立てて冷静さを失っている状況下では、とっさに〝パクリ返し〟をしてしまう確率はグンと上がるはずですが、倫理的な問題もあって状況を再現できず、明らかにしようがありません。

方法論的な限界はありますが、中島たちの研究は、迷惑研究に社会的公正という新しい風を吹き込んだ、興味深い知見です。そもそも社会規範は、始めに述べたように人類が群れを作る種であるがゆえ、社会の秩序を維持し、利益や権利を等しく保障する上で、個人の行動を一定の枠組みで規制するためにあるのです。不公正とはまさに、利益や権利が等しく保障されていない状態を指すわけですから、公正感と正しさや社会的迷惑は、強く関連しているといえます。

社会的公正と社会的迷惑やルールとの関係には、まだ検討すべき大きな課題が残っています。それは、迷惑・不公正であると認知する側が、何を根源にそう考えているのかという問題です。つまり、傘を搾取されたことで感じる不公正が、「傘を持ってきてないくせに、雨に濡れずに帰りやがって！」といった、傘を盗んだ人間に対する恨みなのか、「自分の傘を盗んだやつをきちんと捕まえてほしい！」といった、手続き的な公正や報復的な側面に注目しているのかといった点です。結果が公正であることが大切なのか、あるいはシステムや手続きが公正であることのほうが重要なのか。四つの社会的公正のどれが、どのように作用しているのかについて、さらなる検討が求められます。

●正しいの概念整理

ここまでみてきたように、いつの時代でもどこでも共通する「正しさ」というのは返報性ぐらいで、それまで疑いもしなかったことも、時代や視点を変えればたちどころに揺らいでしまうのです。本当に、「いったい何が正しいのだ！」と、嘆きたくもなります。

実のところ、「あれも正しくない……これも正しくない……」と、何もかもを疑ってかかったら疲れてしまいます。「これは正しいことだ」と断定することは、より重要なことに認知資源を振り向けることができる点で、理にかなっているのです。ただ、正しいと思い込むことで思考を止めてしまい、別の立場から見た「正しさ」に目を向けることができなくなるのが問題なのです。ここまで述べてきた正しさの齟齬というのは、視点や切り口の違いから起きている、その一点に集約されます。

一般に社会規範とルールは、正しいと判断する根拠として機能します。しかし、この二つはそのサイズが異なります。社会規範は広く共有されている、意見や態度・行動指標であり、必ずしも明示されているわけではありません。それに対し、ルールは集団で共有された決めごとであり、「暗黙のルール」という言葉はありますが、基本的に明示された行動指標となっています。

対して、〝迷惑〟とか〝正しい〟というのは、いわば主観的なものです。社会的迷惑の定義も、不快に感じるかどうかが鍵になっていますし、正しいか間違っているかも、ある事象を良いと認知するかどうかということです。ある人が正しいとか不快と感じても、別の立場からはそうでないという食い違いは、主観的なものであるがゆえに起きるズレなのです。広く共有された規範やルールと、個人の主観を混同すれば、主張がかみ合うことはありません。

考えていただきたいのは、曖昧で確実性の低い〝正しさ〟を、疑うこともなく確信している滑稽さです。そして、時にその確信が原因での食い違いに気がつかないまま、強固に主張されることにより、衝突が繰り広げられているという事実です。時には、疑うことが面倒だったり考えたくないがため、「そんなの正しいに決まっている」「そんなこと間違っている」と、決めつけてしまうこともあるでしょう。

色々な切り口から物事をとらえ、相手がどうしてそれを〝正しい〟と思うのかに考えを至らせれば、齟齬が起きる確率は低下します。これは、相手に気遣いをするべきであるとか、一方的に配慮してあげましょうという意味ではありません。お互いにそうし合うべき、どちらも考えることを辞めてはいけないということです。

これまで〝正しい〟という概念は、マイケル・サンデルの正義に関する議論のブームなど、主に哲学や倫理学、宗教学といった領域で論じられてきました（サンデル 二〇〇九、NHK「ハーバード白熱教室」制作チーム 二〇一〇a、bなど）。

サンデルの提示する命題は、「台風で物資が不足しているときの便乗値上げは正しいか?」「多額の寄付と引き替えに、大学に合格させることは公平か?」など、一見正しくないのが当たり前に思えるのですが、深く考えるほど正解が一義的に決められないものとなっています。彼は、正しさの根拠として、①最大多数の最大幸福（功利主義）、②自由の尊重（リベラルな平等主義）、③美徳の涵養と共通善（善良な生活）の三つを挙げています。つまり一つの事象に対し、三つの〝正しい〟が存在するということです。

たとえば、「多額の寄付と引き替えに大学合格」を、三つの観点から解釈するとどうなるでしょうか。「お金で学歴を買うのか!!」……などと思った人は、③の観点から批判をしているといえます。学力に基づく自由で平等な競争こそが、正しい在り方だと考えているわけです。③の意味でも、日々の努力を重ねた人が、大学に入学する権利を得ることを、美徳とする人は多いでしょう。そうした選抜を通じて学生を受け入れることこそが、学問の発展に寄与すると共に、大学の品位を保つことにもなります。

その一方で、①の観点から見るとどうでしょうか。多額の寄付で、新しい建物を建てることもできるでしょうし、最新の実験機材をそろえることもできます。多くの他の学生たちに、返済不要の奨学金を提供することで、巡って学ぶ機会を増やすこともできるでしょう。そんなふうに考えれば、学力はともかくこの人は、大学に多大な貢献をしています。そもそも、そんな金額を寄付できるような能力は、評価されて然るべきかもしれません。

少なくとも、日本の国立大学の入試では、寄付で入学を許可するようなことなどあり得ません。しかし中には、功利主義的な観点から、上のような主張を合理的で正しいと考える人もいるはずです。ただ、圧倒的多数の人はこれを良しとしないというだけの話です。正しいことも良いことも三者三様であり、自分の思いもつかない〝正しさ〟の存在を、留意しておく必要があります。

こうした問いは、深い洞察に支えられてはいますが、データに裏打ちされたものではありません。たとえば、サンデルの正義に関する議論には、記述的規範のような視点がありません。①の功利主義は、「最大多数の人が幸福になる判断が正しい」というもので、記述的規範が意味している、「最大多数の人が実際にとっている行動が正しい」とは違うのです。

本章で研究例として挙げた、歩行者の信号無視行動などは、ルールを守っているドライバーを巻き込む事故を引き起こす危険性をはらんでいます。朝日新聞の「天声人語」（一九九七）では、一人の信号無視につられて後続も渡り始め、これに驚いた車がクラクションを鳴らし、急ブレーキで止まったというエピソードが報告されています。大勢の人がとっている行動が、必ずしも幸福をもたらすとは限りませんし、もちろん正しいわけでもないのです。心理学的観点からの検討は、まだまだ新たな知見を提供する可能性を秘めています。

本章では、正しいと思っていることでも、たまには少しでも疑ってみないといけないな……そう思っていただければ、目的を達成できたといえるでしょう。〝考える〟ことは、とても重要であり、本書の核となる主張です。

ここまでは、ルールを取り巻く諸理論や、正しいと思っていることの曖昧さなど、主に心の動きについて考察をしてきました。次章ではこれらを踏まえ、ルール違反・社会的迷惑行為を抑止するにはどうすればいいのかについて、具体的な研究例を紹介しながら見ていきたいと思います。

4●迷惑行為・ルール違反の抑止策

●抑止策の理論的背景

前章では、正しいとされていることが、必ずしもいつもそうとは限らないことを述べてきました。しかし世の中には明らかに、守らないと他者に被害を与えてしまうルールや、周囲の人たちすべてを不快にし、困惑させてしまうような、迷惑な人がいるのも現実です。それゆえ、これらの抑止というのも、ルールに関する研究テーマとして、多くの検討がなされています。

本章では、これまで行われてきたルール違反・迷惑行為の抑止策について紹介したいと思います。抑止策の研究は、行為者側に着目したアプローチがほとんどです。まずは、行為者がルールや迷惑行為をどうとらえているのかについて、二つの研究から考えていきます。それを踏まえ、抑止策に関する実践研究を二つ紹介します。

●危ないからルールが必要なのか、ルールで決められたから危ないことなのか？

ルールの成り立ちは、多数が被る損害を最小限に抑えることに、その主眼がおかれています。つまり、そのままにしておけば被害や問題が生じるので、欲求や行動を規制・拘束するということなのですが、本当にそうなのでしょうか。この点について、小池たち（二〇一四）の研究が、一つの可能性を示唆しています。

小池たちは、道路交通法の改正に着目した縦断調査を実施しました。交通事故の死者数は、昭和四五年のピーク時には一万六七六五名に上りましたが、平成一五年には七〇〇〇人台になり、平成二一年以降は四〇〇〇人台で推移しています（全日本交通安全協会 二〇一六）。道路交通法は二〇〇〇年代初頭、毎年のように見直し・厳罰化が図られてきましたが（道路交通法実務研究会 二〇〇九）、悪質な交通違反による交通死亡・致傷事故に対する、危険運転致死傷罪が新設されて以来、死亡事故は大きく減少してきました。

こうした流れの中、二〇〇八年六月には、前席のシートベルト着用義務化から二〇年以上努力義務にとどまっていた、後部座席のシートベルト着用が義務化されました。

後部座席のシートベルト着用の義務化は、ルールの導入という観点から見ると、非常に興味深い事例です。日常的な行為の中で、それまで意識することもなく、ほとんど定着すらしていなかったルールに、罰則が適用され、突如従うことが求められるようになったからです。

さらに興味深いことに、この義務化は段階的に導入されました。すなわち、二〇〇八年六月一日から義務化されはしたのですが、この時点で取り締まりの対象は、高速道路上での非着用のみでした。一般道での違反に対しては、同年秋頃までは「注意」に留まり、執行を猶予するとされていました。その後、二〇〇九年六月をもって加点対象とされることが正式に発表され、秋の交通安全運動で周知徹底を図った一〇月より、取り締まりが開始されるとされていました。しかし、本書を執筆している時点（二〇一七年四月）においても、一般道は取り締まりが開始されているわけでもなく（図22）、着用率も上がっているとは言い難い状況にあります。

小池たちは、着用義務化前（二〇〇七年一一月～二〇〇八年四月）より、着用義務化直後（二〇〇八年一二月）・一般道非着用加点対象直前（二〇〇九年五月）・一般道着用加点対象直後と想定（二〇〇九年八月を想定）・一般道取り締まり開始後と想定（二〇〇九年一二月を想定）の、五つの時点間で、シートベルトに対する意識の縦断調査を実施しまし

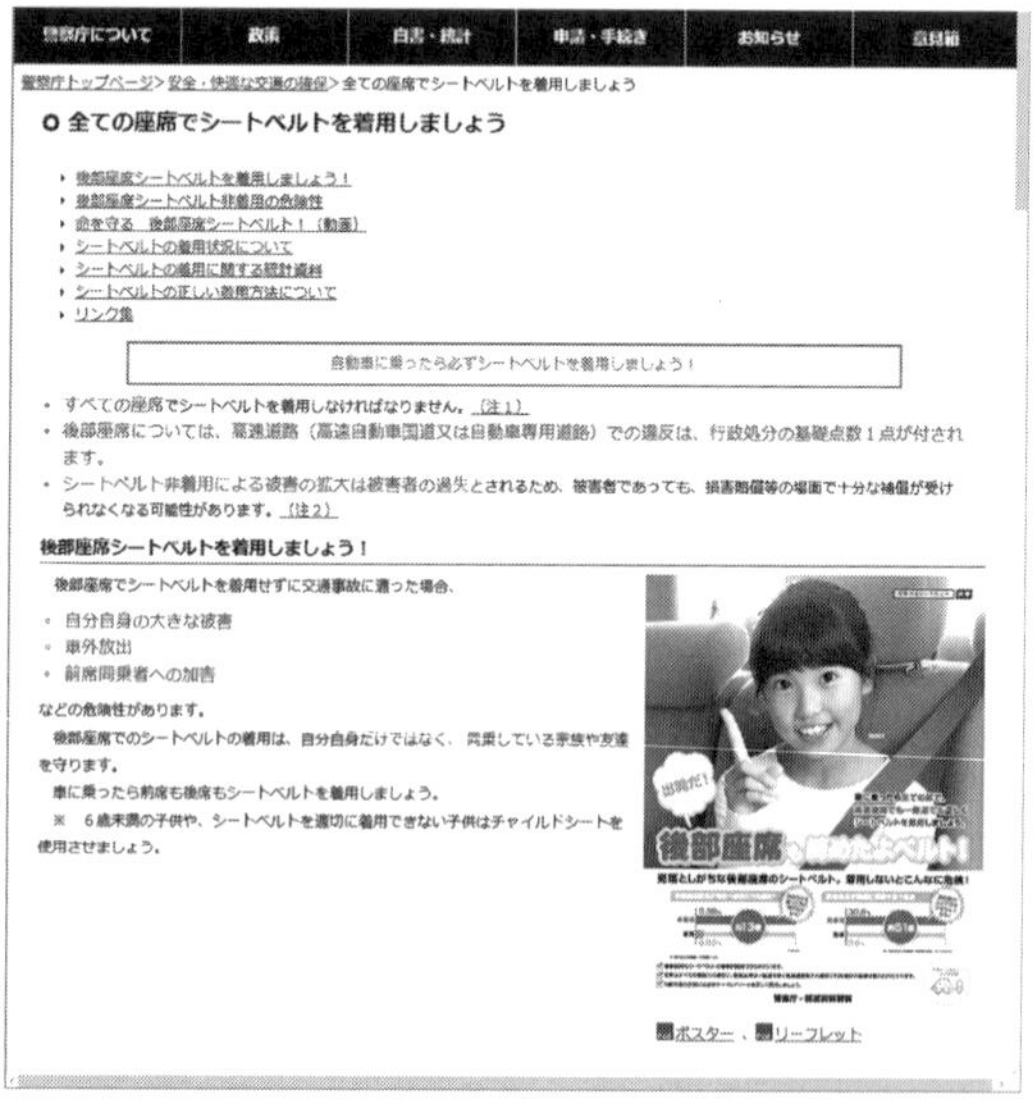

図22　警察庁による後部座席でのシートベルト着用の呼びかけ
（警察庁ホームページより）

た。なお、すべての調査対象者が、普通免許か二輪免許を取得して六カ月以上経過しており、二〇代から六〇代まで四四名ずつ、すべての年代に均等に分布しています。

　従属変数として、後部座席でのシートベルト非着用に対する項目を作成し、「まったく当てはまらない～非常に当てはまる」の、七件法（一～七点）で回答を求めました。さらに、シートベルトの着用実態を確認するため、「私はいつも（該当席で）シートベルトを着用する」についても回答を求め、調査時期と着席位置を独立変数とした、一要因分散分析を実施したものが、表9になります。

結果は一部を抜粋したものですが、いくつか面白い結果が得られています。まず、四つの項目いずれについても、着席位置の強い主効果が得られており、前席（運転席・助手席）と後部座席では、五回の調査を通して明確な違いが出ているのです。

結果を見る限り、義務化される前のみならず、違反点数が課されるようになった後でさえも、前席のほうが悪質で危険であると評価され、実際の着用率も大きく異なっていました。

シートベルトを着用しないことは、何の問題があるのでしょうか。もしかしたら、「後ろの席であれば前の座席にぶつかるから、車外に投げ出されることもない。だから後部座席のほうが安全ではないか」などと思う人もいるかもしれません。

しかし相手がいる事故の場合、シートベルトをしないことで被害が拡大するわけですから、結局は他者に迷惑を及ぼしていることになります。また、後部座席は確かに、車外に投げ出される確率は低いかもしれませんが、前席に体がぶつかることで、運転手や助手席の人に、けがをさせる恐れもあります。運転席の後ろから、乗っている人と同じ重さの鉄

表9　調査時期（A）と着席位置（B：実験参加者内要因）別に見た各項目の平均値と標準偏差

（小池たち，2014を元に作成）

質問項目	席位置	2008年6月 施行前	2008年12月 高速取締 施行後	2009年5月 一般道義務化 明示前	2009年8月 一般道義務化 明示後	2009年12月 一般道取締 開始後		*F*
悪質な違反行為である	運転席	4.60（1.66）	4.55（1.59）	4.70（1.63）	4.83（1.57）	4.64（1.56）	(A)	6.14***
	助手席	4.01（1.56）	4.23（1.52）	4.29（1.52）	4.40（1.51）	4.24（1.53）	(B)	700.61***
	後部座席	3.04（1.44）	3.60（1.47）	3.49（1.38）	3.64（1.55）	3.62（1.48）	(A)×(B)	5.78***
非常に危険な違反行為だと思う	運転席	4.75（1.69）	4.89（1.60）	4.89（1.70）	4.92（1.70）	4.94（1.67）	(A)	3.02*
	助手席	4.73（1.68）	4.97（1.52）	4.83（1.64）	4.89（1.60）	4.91（1.56）	(B)	334.75***
	後部座席	3.86（1.58）	4.23（1.51）	4.08（1.56）	4.27（1.54）	4.25（1.52）	(A)×(B)	1.42
（運転席・助手席・後部座席）のベルトを着用すれば，事故に遭ったときの怪我を大幅に軽減できると思う	運転席	5.80（1.57）	5.66（1.66）	5.96（1.55）	5.78（1.65）	5.73（1.74）	(A)	3.43**
	助手席	5.95（1.45）	5.87（1.50）	6.17（1.36）	6.04（1.38）	6.17（1.34）	(B)	110.30***
	後部座席	5.38（1.53）	5.54（1.49）	5.68（1.52）	5.64（1.47）	5.84（1.35）	(A)×(B)	5.01***
私はいつも，（運転席・助手席・後部座席）に乗るときはベルトをしている	運転席	6.33（1.37）	6.41（1.29）	6.58（1.14）	6.45（1.31）	6.50（1.22）	(A)	29.71***
	助手席	6.13（1.53）	6.26（1.44）	6.51（1.18）	6.37（1.31）	6.50（1.15）	(B)	1903.01***
	後部座席	3.31（1.97）	4.73（1.87）	4.53（1.93）	4.60（1.97）	4.90（1.89）	(A)×(B)	26.31***

※（　）内は標準偏差，平均値が高いほど該当項目に肯定的に回答している。　$^{***}p<.001$，$^{**}p<.01$，$^{*}p<.05$

球がぶつかってくると考えれば、その危険性がおわかりいただけるのではないでしょうか。そもそも、自身もシートに体を強打するわけですから、大丈夫というわけでもないでしょう。これらに思いを至らせるのも、〝考える〟ということです。

いずれにせよ、着席位置によって認知がずいぶんと違うことが読みとれます。運転席と助手席に、大きな違いは見られていないことを勘案すると、前席と比べて後部座席は、明らかにシートベルト着用が軽視されていると結論できそうです。

次に五つの時点間の比較を見ると、後部座席ですべての項目において、大きく変化したのは、義務化施行前（二〇〇八年六月前）→高速道路取り締まり開始後（二〇〇八年一二月）でした。いずれの項目についても、調査時期の主効果が見られています。義務化が施行されたことで、認知の変化は確かに起きているようです。

興味深いのが、「非常に危険な違反行為だと思う」について、後部座席の危険性評価だけが、高速道路着用義務化後の二〇〇八年一二月に、急上昇したという点です。

着用が義務化されたからといって、シートベルト非着用の危険性が上がることは、基本的にありません。ルールと危険性そのものは、別次元の話なのです。ルールができたら事故が減ることはあっても、それは着用率が上がったことに起因しているだけで、義務化自体がリスクを減らすわけではありません。

本来ルールとは、ある行為が他者に被害を及ぼしたり、危険であったりするがゆえに、行為を規制するためのものです。しかし、義務化後に危険性評価が上昇するということは、危険だからルールが必要だ……というのではなく、「取り締まりをするくらいだから、シートベルトをしないのは危ないんだな」といった、逆の認知をしていると考えられます。

つまり、義務化が危険性評価を規定していることになり、〝危ないからルールが必要〟ではなく、〝ルールで決められたことだから危ない〟と考えられているのです。これは、シートベルト非着用の危険性について思いを至らせることもなく、表面的にルールに従っているだけである可能性を示します。

なお、実際の着用行動を反映していると考えられる「私はいつも○○席でシートベルトを着用する」について、着席位置で明確な差異が見られました。表9を見ると、前席は五回の調査でほとんど変化はなく、すべての時点で運転席・助手席とも、七件法で六ポイントを超えていました。これは、ほぼ全員がシートベルトを着用していると回答している、天井効果と呼ばれる状況です。

しかし、後部座席はまったく異なる様相を呈しており、高速道路着用義務化後に大幅に上昇していました（三・三一→四・七三）。そして、一般道路の取り締まりがアナウンスされた二〇〇九年一二月の時点でも、五ポイントを超えることはなく、明らかに前席と比べて着用率は低いまま、わずかな上昇が見られたのみでした。後部座席のシートベルト着用は、前席ほど定着していないのが現状のようです。

どうしてこのような差異が生じたのでしょうか。色々な可能性が考えられますが、原因の一つが、前席のみに着用義務がある状態が、二〇年以上に渡ったことだと考えられます。前席のシートベルト着用は、一九七一年の改定道路交通法により努力義務が課され、交通安全対策の一環として啓発活動も活発に行われました。それでも着用率は向上しなかったため、法制化について国会に多数の陳情が寄せられ、一九八五年に罰則つきで着用が義務づけられたという経緯があります（内閣府 一九八七）。

これに対し、後部座席の着用は努力義務とされていたものの、法制化されるまでに、啓発活動などは特に行われていませんでした。これが、「後ろの席はシートベルトをする必要がない」という認知を、長期にわたり醸成してしまったとも考えられます。交通安全の標語に、「事故は瞬間、ベルトは習慣」というものがありますが、長期にわたった非着用で構わないという習慣が、定着を妨げているのかもしれません。

後部座席のシートベルト着用が、どうして前席ほど定着していないのかについては、よくわからないというのが実情です。「後ろの席は警察も確認しづらいから、シートベルトをしていなくても見つからない」という意見もあります。そうであるならば、一般道での取り締まりが正式に開始された後でも、着用率はさほど上昇しないと予測されますが、それが本当なのかも含め、まだ検討の余地があります。

●自制のメカニズム

シートベルト着用の研究より、ルールは特定の行為を制限する機能に加え、それ自体が危険性や意義を認識させる効果のあることが読みとれます。しかし最終的には、ルールに従って着用するかどうかは、シートベルトの着用が義務づけられている意味をきちんと理解して、面倒がらずに出来るかどうかが鍵となります。つまりは、自身の行動を調整・制御できるかどうかに関する、自己制御（self-regulation）という問題です。

自己制御について、原田たち（二〇〇九）は、社会的迷惑行為や逸脱行為に及ぼす影響という観点から、概念整理を行っています。原田たちによれば、自己制御は、遺伝的な影響を受けやすい「気質レベル」のものと、後天的に獲得される「能力レベル」のものの二つに分けることが可能です。

気質レベルの自己制御については、行動抑制システム（Behavioral Inhibition System：BIS）と、行動接近システム（Behavioral Approach System：BAS）の、二つの動機づけシステムがあり（グレイ 一九八二）、さらに能力レベルの自己制御については、社会的自己制御（Social Self-Regulation：SSR）という概念が提唱されています（原田たち二〇〇八）。

そこで次に、それぞれについてまとめた上で、ルール違反や迷惑行為の抑止に関する研究成果との関連を、考察していきたいと思います。

●BISに基づく迷惑行為の抑止

行動抑制システム（BIS）は、「罰刺激により活性化されて行動を抑制し、不安等のネガティブ感情を算出するシステム」と定義されています。ルールに反する行為に対し、禁止であることを明示したり、ペナルティを科されれば嫌な気持ちになるものです。これによりルールを守らせようというわけですが、北折と吉田（二〇〇〇b）の禁止メッセージに関するフィールド実験は、BISに基づく抑止策アプローチの一つといえるでしょう。

この研究は、チャルディーニたち（一九九〇）の行った、ゴミのポイ捨てに関するフィールド実験が元になっています。チャルディーニたちの実験は、大学図書館に駐車された車のワイパーにさまざまなメッセージを挟み、戻ってきたドライバーがその紙をポイ捨て

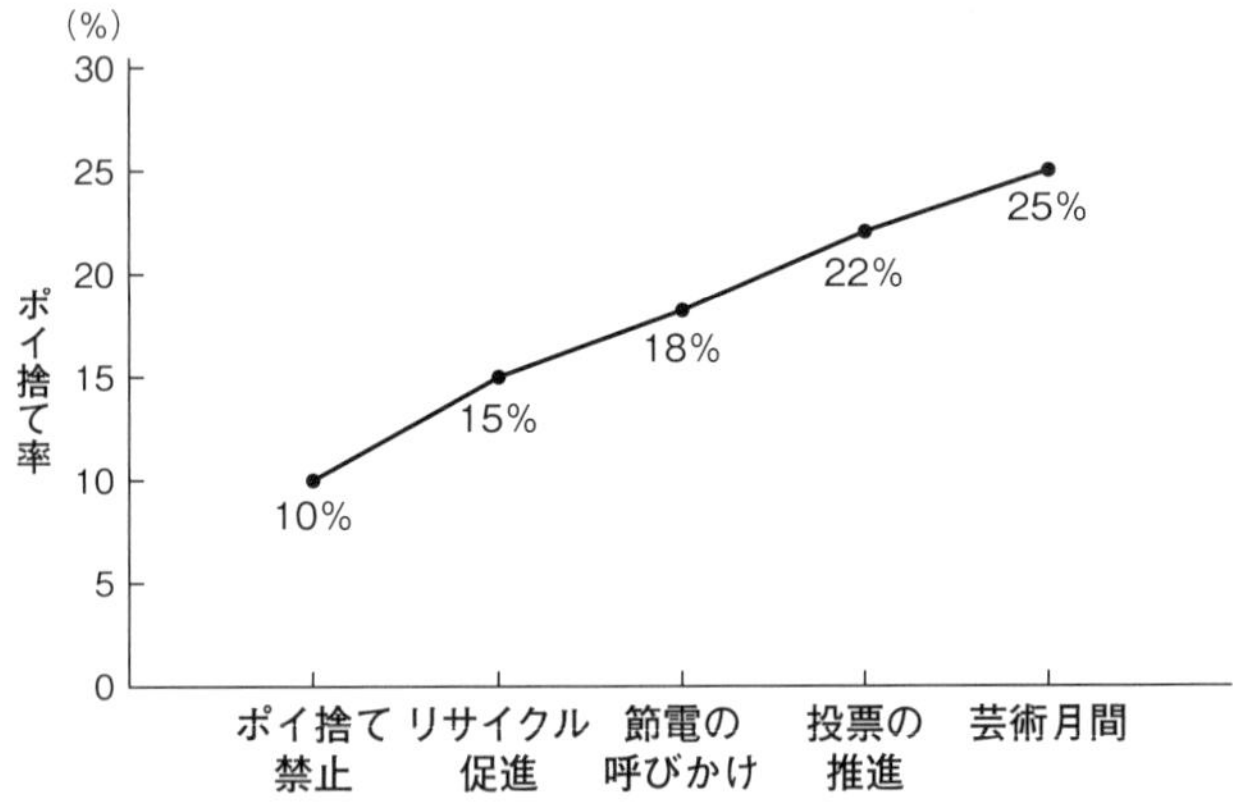

図23　チラシの内容とポイ捨て率との関連（チャルディーニたち，1991より）

するかどうかをカウントしました。メッセージは「四月は清掃月間です、ポイ捨てをやめましょう」「四月は資源保護月間です。リサイクルにご協力を」「四月は資源保護月間です。不必要な明かりは消しましょう」「四月は投票知覚月間です。あなたは何回投票に行きましたか?」「四月は芸術月間です。地方の美術館へお越し下さい」という、五種類が用意されました。

結果は図23にあるように、チラシに書かれたメッセージが環境美化を訴える内容に近いほど、そのチラシをポイ捨てする割合が低くなることが明らかとなりました。「ポイ捨てをやめましょう」と書かれていれば、（はっきりいえばいらない）チラシをポイ捨てするのは、抵抗があるというわけです。

実験を通じて、メッセージが行動に反映されることが実証された点は、非常に興味深いといえます。しかし、環境美化そのものを訴えるメッセージも、下位区分としてさまざまな種類があるはずです。そうした違いが行動抑止にどの程度つながるのかが明らかにされていないため、禁止メッセージの提示方略の違いが、実際の行動に及ぼす影響を検討しました。

ここでいう禁止メッセージとは〝○○禁止〟など、迷惑行為やルール違反を抑止する目的で書かれたメッセージを示します。実際にははっきり禁止を訴えるばかりでなく、〝○○をしないで下さい〟〝○○をご遠慮下さい〟など、婉曲に行為の自粛を訴えることもたくさんあります。こうした提示の違いが、実際の逸脱行為にどう影響するのか効果測定を行いました。

具体的な方法は、自転車の駐輪違反を場面としています。これは箕浦（一九八五）の、大学構内における自転車の駐輪違反に関する調査に着想を得たものでした。箕浦の研究では、手紙や掲示板での呼びかけで駐輪違反をやめると回答したのは五〇％以下でしたが、停学処分や違反車撤去などの強制力を用いれば、九〇％が協力すると回答していました。

このことから、規範意識の低い違反者が駐輪場所を守るのは、貼り紙による注意を嫌がっての、いわば仕方なくの追従にすぎないことになります（箕浦 一九八七）。そう考えると、制裁の提示は強い抑止効果をもたらしそうです。

さらにチャルディーニたちの実験では、周囲にポイ捨てされているチラシの量が多いほど、つられてポイ捨てする比率が高まることが明らかになりました。これは、ポイ捨て禁止の命令的規範と、実際には多くの人がポイ捨てをしているという記述的規範が、食い違っていることを意味します。駐輪違反の枠組みで考えるならば、「駐輪禁止」の貼り紙があっても、それをあざ笑うかのように、自転車があふれかえっている状況を指します。こうした違反者の存在が示されているかどうかが、どの程度の影響力を持つのかという問題も、併せて検討されました。

実験に先立ち、予備的検討として、大学内の駐輪違反が目立つ場所を抽出し、各場所に設置された禁止のメッセージを撮影・分類しました。これを元に以下のメッセージを設定し、効果を測定しました。

1　普通に禁止……ここは駐輪禁止です。自転車・バイクを止めないで下さい。

2　強い禁止……ここは駐輪厳禁。自転車・バイクを止めるな。

3　被害の提示……通行の障害になるとの苦情が目立ちます。ここに自転車・バイクを

図24　実験1が実施された場面（北折と吉田，2000bより）

止めないで下さい。

4　制裁の提示……ここに駐輪された場合、見つけ次第撤去します。自転車・バイクを止めないで下さい。

5　同調の抑止……人が止めると、後も続きます。ここに自転車・バイクを止めないで下さい。

実験一の対象者は、通路に自転車を駐輪しようとする際、メッセージの看板を目にした学生八〇名で、施錠行為をもって駐輪意思ありと判断しました。図24に実験が実施された場面の写真を示しますが、駐輪禁止であるにもかかわらず、普段は通行に支障が出るほど駐輪されています。

この場所に、約三メートル間隔で二つの

看板を目立つように設置し、五つのメッセージのいずれかが貼られました。実験は朝の七時三〇分より、四限目の授業が始まる一四時四五分まで行われ、実験者は対象者の目につかない場所から観察していました。なお、周囲の駐輪場は常に整理され、スペースがないため仕方なく駐輪したケースは存在しません。

　自転車の持ち主が施錠を始めると、実験者がこの場所で実験を行っており、移動させてほしい旨のお願いをして、最後に禁止の看板を見たかどうかを確認し、実験が実施されていることを口外しないよう要請しました。これにより、看板の間には自転車が置かれておらず、つられて駐輪したケースは存在しないことになります。

　どういった結果になったかといえば、ある意味で実験は大成功でした。提示されたメッセージと実際に対象者がとった行動をクロス集計表にして、各メッセージに一六人ずつ対象者を割り当てました（一六×五＝八〇人）が、強い禁止条件で一人が駐輪違反しただけでした。ほとんど誰も駐輪違反をしていないわけなので、ルール違反の抑止という観点から見れば、この実験はうまくいったといえるでしょう。しかし、どのメッセージにどの程度効果が見られたのかについては、まったく測定できませんでした。

　どうして、ほとんど誰も駐輪違反をしなかったのでしょうか？　大きく分けて、二つの理由が考えられます。一つ目は、二つの看板の間に違反自転車が一台もなかったことが、駐輪への抵抗を著しく高める、記述的規範として強く影響した可能性です。二つ目は、実験が一日中行われたことです。朝の自転車がまばらな状況と、午後の自転車があふれかえっている状況では、対象とした場所に一台も止めていないことのインパクトは、随分違うと考えられます。

ともあれ、このままでは提示方略の実験としては成立しないので、要因を調整して再実験を実施する必要があります。基本的な手順は実験一に準じますが、下記の手順を修正し、実験二として再度メッセージの効果を測定しました。

1　看板の間に自転車をあらかじめ駐輪させておく……逸脱者の存在をアピールすることで、駐輪禁止の命令的規範と、ルールを守っていない他者の存在を記述的規範として示し、駐輪への抵抗を下げるのが目的です。あらかじめ駐輪してある自転車の数は一台もしくは二台であり、台数の偏りはないよう配慮されました。

2　特定の時間帯に限る……実験の時間帯を七時三〇分より一〇時三〇分までに限定しました。これは、朝一限目の開始時刻前（八時四五分）より、二限目の開始時刻までの三時間に該当する時間帯です。これにより、自転車があふれかえるようなこともなく、過度に記述的規範が影響しないようコントロールできるはずです。

図25　実験3が実施された場面（北折と吉田，2000bより）

3　同じ場所で一貫して実験を行わない……一カ所のみで実験した場合、実験の事実が広まってしまう危険性が高くなるなどの理由により、場所を複数に拡張しました。場所は、三つの条件（特定の学部学生に偏っていない。半径一〇メートル以内に正規の駐輪場所がある。駐輪違反が常態化している）を元に選定しました。実験場所の一例を、図25に示しました（撮影場面は実験三）。

提示されたメッセージと、実際に対象者がとった行動について、五×二のクロス集計表を作成した結果が、表10になります。一台条件と二台条件の比率は、五つのメッセージすべてにおいてほぼ同数

表10 1台条件，2台条件における駐輪違反の集計結果
（北折と吉田，2000bより）

	同調抑止	普通の禁止	強い禁止	被害提示	制裁提示	合計
駐輪した	8	12	11	11	3＋	45
駐輪をやめた	12	11	12	13	21－	69
合計	20	23	23	24	24	114

※数値は人数，Fisher's Exact Testsを使用し，表中の＋－は残差分析の結果を示す
$p < .05$

で、条件間の結果に違いが見られなかったため、まとめて分析しました。Fisher's Exact Testsに準じた直接確率検定を用い、五％水準で有意差が見られたため（$p < .05$）、下位検定を行ったところ、制裁提示が他の四つのメッセージと比べ、有意に駐輪自転車数が少ないことが明らかとなりました。

この結果より、制裁提示の強い効果が見られ、BISの影響力とメッセージ間の違いをようやく明らかにできました。ただし、それ以外のメッセージは、いずれも半数程度の駐輪抑止効果があり、どのメッセージもまったく効果が見られないわけではありませんでした。実験一でほぼゼロであった駐輪違反者が、まばらに（一台または二台）駐輪される場面を見ると、その自転車が示す記述的規範（駐輪違反者の存在アピール）につられたわ

けです。

さらに、メッセージの効果は確認されましたが、確認しなくてはならないことがあります。それは、多数逸脱者の存在が顕示されたときの、メッセージの効果です。二つの実験を通じ、記述的規範の非常に強い影響力が確認されました。そうであれば、制裁を提示するようなメッセージであっても、たくさんの人がメッセージを無視して駐輪していれば、効果はなくなってしまうことが予測されます。

そこで実験三として、実験二の手順を基本に以下の点で手法を改良し、再度効果の検討を行いました。

●違反者に自転車の移動を要請しない……実験二では違反者に自転車移動の許可を求めましたが、対象者に実験の実施を説明しなければならず目立つため、本実験では自転車の移動を要請しないこととしました。代わりにあらかじめ置いておいた五台の自転車を移動させ、常にその場所に自転車が五台ある状態を保つようにしました。

メッセージと対象者がとった行動を、五×二のクロス集計表を用いてカイ二乗検定を行いました（表11）が、有意差は見られませんでした。ただし、メッセージ間に効果の違いは見られなかったわけですが、すべての対象者が駐輪違反を犯していたわけではありませ

表11　5台条件における駐輪違反の集計結果（北折と吉田，2000bより）

	同調抑止	普通の禁止	強い禁止	被害提示	制裁提示	合計
駐輪した	14	17	15	14	15	75
駐輪をやめた	22	11	13	13	20	79
合計	36	28	28	27	35	154

※数値は人数　　$\chi^2(4)=3.86$, n. s.

ん。おおむね、半数の対象者が別の場所に自転車を移動させていたわけですから、効果がまったく見られなかったとはいえません。

三つの実験を通じていえることは、記述的規範の強い影響力です。効果の差は、少数逸脱者の顕示状況（一、二台をあらかじめ駐輪（実験一二））においてのみ見られました。それ以外の実験では、記述的規範のほうが強い影響を及ぼし、メッセージの効果を見えにくくしていたのです。

三つの実験を通じ、制裁提示の効果は状況依存的であり、多数の逸脱者がいれば効果が薄れてしまうと結論できるでしょう。ただし、記述的規範の影響の強さが浮き彫りになったとしても、命令的規範の影響力がゼロというわけではありません。多数逸脱者が顕示された実験三でさえ、半数の対象者が別の場所に自転車を移動させていたわけですから。

記述的規範を根拠とした、迷惑行為をとがめられたときの言い訳の典型が、「みんなやっているではないか！」です。しかしこれは、正しく実態を反映させているとはいえません。実験結果に基づけば、「半分はやっているではないか！」というのが、説得力はありませんが正しいキレ方です。

ＢＩＳに基づくアプローチは、ルール違反を抑止する上でもっともよく用いられ、かつ効果的だと信じられている手法です。ペナルティと対でルールを守らせるのは基本ですが、記述的規範という、ペナルティ以上に強い影響因子があることに留意しておく必要があるでしょう。

●恥の喚起とルール違反の抑止

なお、罰刺激は制裁だけではありません。周囲からの白眼視も罰としての機能を持ち、強い抑止効果をもたらします。「違反者が恥ずかしいと思う」ことも、抑止の効果を期待できるのです。

ルールに反することを恥ずかしいと自覚すれば、それをしようとは考えません。少なくとも、他の人が見ている前で堂々と、平気な顔をしていられることはないはずです。羞恥について、菅原（一九九八）は、「不適切な印象に対する感情的反応」と定義しています。

こうした羞恥の喚起を、ルール違反や迷惑行為の抑止につなげようとした試みが、インターネット上の掲示板「2ちゃんねる」で、かつて展開されたことがありました。それは、「暴走族を珍走団と呼ぼう」というものです。

八〇年代のツッパリブームとともに、暴走族は全盛期を迎えましたが、近年は減少の一途をたどっているといわれます。道路交通法が改正されて暴走行為の厳罰化が図られ、警察の取り締まり方法が変更されたことや、暴走族の厳しい上下関係に、最近の若者がなじめないなどの背景が原因のようです。

これに対し、二〇〇一年一月九日に、「2ちゃんねる」で「暴走族の名前が変わりました」というスレッドが立ち、この書き込みの中で、珍走団という言葉が誕生しました。もちろん、これでどの程度暴走族が減少したとか、当の暴走族がどの程度不快に感じていたかなどの、効果測定がされているわけではありません。しかしこれは、暴走行為が「恥ずかしい」ものであることを世間にアピールし、羞恥心を喚起させる興味深い方略なのです。

個々人がどう思うかはともかく、暴走族に属するメンバーは、爆音をまき散らす改造バイクや、派手な刺繍が施された特攻服を、間違いなく格好良いと認識しています。そう認識しなければ、改造バイクに乗ろうとも思わないでしょうし、ああした格好をしようとも

図 26　暴走行為抑止啓発ポスター（福岡市中央区交通安全推進協議会・福岡県中央警察署・福岡市中央区役所作成）

しないでしょう。珍走団という名称は、「珍妙な格好で走っている馬鹿な連中」という、蔑称的なニュアンスを含むため、そうした評価を根本から否定するものです。名称により行為を止めさせるというのは、自発的な抑止が期待できる、大きな可能性を秘めています。

この取組みは、そのような暴走行為の抑止を啓発するポスターにも呼称が採用されたり（図26）、新聞でも取り上げられており（朝日新聞 二〇〇二）、警察も

「若者の間に『カッコ良くない』というイメージが広がりつつあるのではないか」と見ていたことが、当時の記事から読みとれます。また二〇〇九年には、沖縄県の宜野湾警察署が、集団暴走行為のイメージダウンを狙い、「ダサイ族」の呼称を選定しています（朝日新聞 二〇〇九）。

残念ながら、現状ではこれらの呼称が広く定着したとはいいがたく、メディアでは今も、「暴走族」の名が使われ続けています。行為者側が恥ずかしくなるようなネーミングを普及させる手法は、きわめて低コストであり、もっと広く行われてもよいのではないでしょうか。珍走団が根絶されるまで、再度検討してみる余地があると思うのです。

ただし、効果が期待されるものの、羞恥心がモジリアニ（一九七一）がいうような、自尊心の低下により引き起こされるものなのか、ビーマンたち（一九七九）のいうような、自覚状態の高まりによるものなのかという点は、まだ明確にはなっていません。

古典的な社会心理学的研究に、ジンバルドー（一九六九）による、匿名性が逸脱行為を誘発するという、没個性化という概念があります。ここでいう匿名性は、「誰も見ていない」というだけでなく、「誰も自分に注目しない」ことも含むのですが、ビーマンたちはハロウィーンでの仮装した子どもたちを対象とした、フィールド実験を行いました。

実験参加者は、四つの条件に割り当てられます。もともと仮装しているので、匿名性が

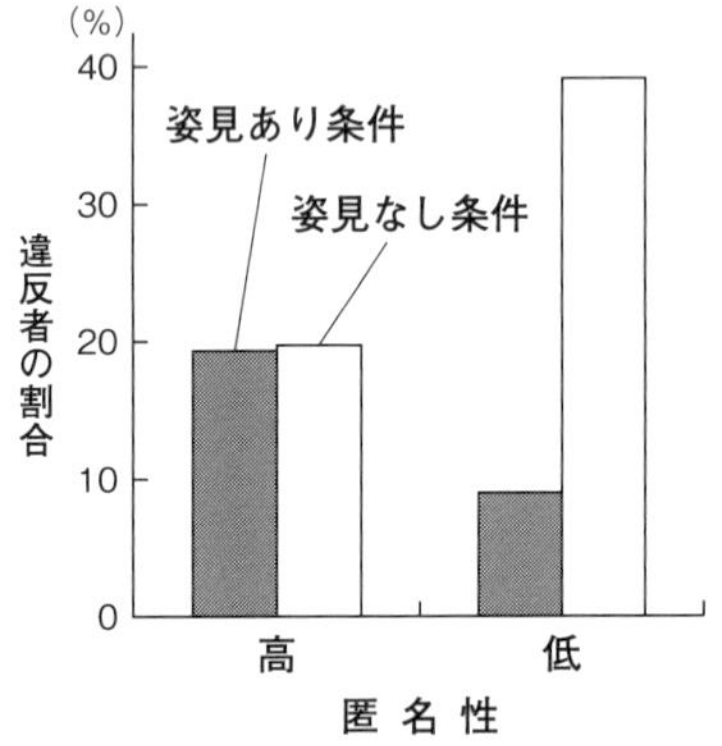

図27　違反行為におよぼす匿名性と自覚状態の効果
（ビーマンたち，1979より作成）

きわめて高いのですが、半数の群は「お名前は？　どこに住んでるの？」というふうに、住所と名前を聞かれます。また半数は、キャンディを入れた箱の後ろに大きな姿見が置かれており、自分の姿を見ることで、自覚状態が高まるようになっています。

独立変数として、子どもたちは①匿名─姿見なし、②匿名─姿見あり、③非匿名─姿見なし、④非匿名─姿見あり、の四群に割り当てられました。従属変数として、キャンディを一つだけ取るようにいわれたのに、二つ以上のキャンディを持っていく違反行為をした割合が集計されました。

図27の結果を見るかぎり、匿名性よ

りも姿見の有無という、自覚状態が高まるかどうかのほうが、違反行為に大きく影響していることがわかります。

●BASに基づく迷惑行為の抑止

もう一つの行動接近システム（BAS）とは、「報酬刺激により活性化されて行動を促進し、喜び等のポジティブ感情を算出するシステム」と定義されています。ルールを守っていることを褒められたり、ご褒美をもらえることで、ルールを守ろうと思わせるというアプローチです。

筆者は交通心理学の授業で毎年、「交通事故の防止に、心理学ができることを提案しなさい」というレポートを課しています。印象に残っているのが、数年前にある学生が書いたレポートでした。「警察は、スピード違反をネズミ捕りで捕まえたりしています。ペナルティばかりだから、警察が嫌いになるのだと思います。『逆ネズミ捕り』でもやって、制限速度を守っていることがレーダーで確認されたら、罰金の逆で賞金をもらえるようにすればいい。警察も感謝されるし、スピード違反は劇的に減るはずです」……今までにない発想で、非常に感心させられました。まさに、BAS視点からのアプローチといえるでしょう。
報酬により向社会的・遵守行動を促進することで、ルール違反や迷惑行為を抑止しようという試みは、油尾と吉田（二〇〇九）で検討されています。油尾たちが用いた手法は、返報性と好意の提供を用いたものでした。

「ギブ・アンド・テイク」を意味する返報性については、時代や国境を越えたルールとして、第3章で説明ずみです。これを応用する手法として、油尾たちは〝感謝メッセージ〟に着目しました。

感謝メッセージをもっとも目にする機会が多いのは、コンビニエンスストアなどの店内にある「トイレをきれいに使っていただき、ありがとうございます」……といった貼り紙だと思います。「○○禁止！」とか、命令口調で「○○するな!!」などというメッセージを見て、いい気分にはなる人はいません。威圧されていると感じたり、命令されていると思えば、自由回復欲求と呼ばれる、心理的リアクタンス（ブレーム　一九六六）が生じるからです。人はどんなに正しい注意や忠告であっても、それによって自身の行為が制限されたと感じれば反発し、耳を傾けようとはしないものです。

その点で、返報性規範に基づく感謝やお礼の提示は、そうした反発を生じさせることもなく、向社会的行動を引き出すことのできる点が、ＢＩＳによるアプローチよりも優れています。また、感謝の提示は他者から受容されていることを意味します。そうした良好な関係を、この先も維持したいという動機づけが、向社会的行動を促進すると考えられるわけです（パベイたち 二〇一一）。当然それは、ルールの遵守や迷惑行為の抑止とも、深く関連しています。

油尾たちは、まず返報性規範と記述的規範の関連を検討しました。「ルールを守っていただき、ありがとうございます」というメッセージが提示されている中で、周囲の人がそれを守っている（もしくは、守っていない）とき、人はどうするのか……という問題です。北折たちの研究では、記述的規範がルールを守るかどうかにおいて、非常に大きな影響力を示していました。しかし、これはBIS側面からのアプローチであり、感謝メッセージのような、不快感を生起させないメッセージについても、同じことがいえるのかは定かでありません。

「〇〇して下さり、ありがとうございます」と書いてありながら、周囲が誰もそれを守っていない場合、そのメッセージが不自然なものと認識されてしまう可能性を、油尾たちは検討しました。調査では独立変数として、ゴミの分別をしないという場面を用い、記述的規範の一致・不一致（ゴミの分別がキチンとされている or いない）と、二つのメッセージ（ゴミの分別にご協力いただきありがとう or ゴミの分別をしましょう）が提示

表12　調査の場面設定（油尾と吉田，2009より）

【場面1：分別をせずにゴミを捨てること】

さて，一日の授業をすべて終えたあなたは，この後アルバイトに行きます。まだそれまで少し時間が余っていたので，友人と軽く夕食をとることにしました。コンビニでごはんを買い，教室で食べることにしました。そして食事を終えて，ゴミを捨てに行きました。もうその頃には，急いでアルバイトに行かなければならない時間になっていました。

- 記述的規範一致：ゴミ箱には，ほとんどのゴミがきちんと分別されて入っていました。
- 記述的規範不一致：ゴミがまったく分別されておらず，ゴミ箱があふれてとても汚い状態でした。

そしてその近くには，以下のような言葉が書かれている看板が立ててありました。

◦ゴミの分別にご協力いただき，ありがとうございます。

◦ゴミの分別をしましょう。

されました（表12）。従属変数には、メッセージを見て①どのような感情を抱いたか、②どういう行動をとるかについて、回答が求められました。

結果は表13の通り、規範を遵守してきちんと分別するか、一緒に捨ててしまう迷惑行為をするか（実際の行動）について、記述的規範の強い影響力が見られました。どんなメッセージが掲示されていようとも、ゴミが分別されていない場面に直面すれば、自分だけでも分別しようとは思わないだけでなく、ネガティブな感情を抱きやすいよう

表 13　ゴミ場面における条件別に見た平均値と標準偏差
（油尾と吉田，2009 より）

記述的規範		一致		不一致		F値		
メッセージ		感謝	行動促進	感謝	行動促進	記述的規範	メッセージ	交互作用
行動	規範遵守	4.30 (0.69)	4.00 (0.92)	3.09 (0.83)	3.13 (0.75)	91.02**	1.38	2.39
	迷惑行為	1.59 (0.74)	1.87 (0.86)	2.34 (0.96)	1.96 (0.99)	12.06**	0.17	7.23**
ポジティブ感情		10.04 (4.19)	7.72 (3.12)	7.13 (2.82)	7.11 (2.98)	15.22**	6.70*	6.54*
ネガティブ感情		4.57 (1.95)	5.04 (2.28)	5.63 (2.92)	7.26 (3.85)	17.93**	7.37**	2.29

$^{**}p<.01$，$^{*}p<.05$

です。

　筆者自身、この感謝メッセージを初めて見たのは、学生時代に運転免許試験場のトイレに入ったときでした。「皆様のおかげできれいなトイレが保たれております、ありがとうございます」というのを見て、面白いメッセージだなぁと感心しました。ただし、古い施設であるがゆえ仕方ないのですが、落書きが皆無というわけではなく、本当にメッセージの効果があるのか、そのときはわかりませんでした。

　それがはっきりしたのは、次の更新で再び試験場を訪れたときでした。メッセージの貼られていた壁は、落書きでひどく汚れており、清掃員の方も腹にすえかねたのでしょう、「落書きしないで下さい！」と横に殴り書きがされていました。人目を引き、強いインパクトを与えるようなメッセージであっても、少しの落書きが記述的規範として作用してしまい、抑止力は大幅に低減してしまうのです。

ここでも、記述的規範の強い影響力が確かめられたといえそうですが、ことはそう単純ではありません。油尾たちによれば、ゴミの分別場面でこうした結果が見られましたが、異なる場面設定として、食堂での座席占有行為を対象とした検討では、記述的規範の効果は確認されませんでした。つまり、場面や迷惑行為の種類により、何か異なる影響プロセスが作用している可能性があるのです。

これを説明し得る理論的背景として、油尾たちは高木と村田（二〇〇五）による、注目する規範の違いを挙げています。高木たちによれば、「静かにしなければならない場面でおしゃべりをすること」というのは、その人が公衆道徳という規範に着目していれば、認知者であれば迷惑だと強く感じるでしょうし、行為者であれば「少し声のトーンを落とそう……」となるでしょう。しかし、コミュニケーション・マナーに着目していれば、認知者はこれを大目に見ようとするわけです。

食堂での座席占有場面も、これと同じようなメカニズムが働いていると考えられます。食堂で早く席を空けなければいけないという規範は、公衆道徳といえるでしょう。これに対して、友人との会話を遮ってはいけないというのは、コミュニケーション・マナーであり、こちらに焦点を合わせれば、席を立たないで会話を続けるのが正しいことになります。公衆道徳もコミュニケーション・マナーも、どちらも命令的規範であり、望ましいとされていることです。正しいとされている命令的規範が複数ある場合、このような齟齬が起きるわけです。

この結果を見る限り、感謝メッセージは感情側面に影響するものの、実際の行動に影響しているとはいえないようです。しかしこれは、メッセージの送り手が曖昧であることが原因だと油尾たちは考え、感謝メッセージの効果を再検討しています。

●相手が見えるとルールを守る？

この研究で用いた仮想場面では、恐らくは、食堂を切り盛りする人が書いたメッセージであろうと認識される提示でした。つまり、メッセージを書いた相手の顔が、はっきりとわかるような形で場面設定されていたとはいえませんでした。この点を修正する形で、油尾と吉田（二〇一二）は再度、感謝メッセージの効果を検討しました。

油尾たちの研究では、記述的規範が問題とならないような、表14に示したスーパーでの

表14　駐輪マナーに関する仮想場面（油尾と吉田，2012より）

あなたは，ある日，自転車に乗って買い物に出かけました。その途中，少しだけ買わなければいけないものがあったので，普段よく行くスーパーに寄りました。 　あなたは，スーパーの駐輪場に自転車をとめようとしました。しかし，他の自転車がたくさんとまっていたので，あなたの自転車をとめるスペースはほとんどありませんでした。他の自転車を動かしてなんとか自分の自転車をとめようかと思いましたが，倒してしまったりすると面倒なので，駐輪スペースではないところにとめようかとも思い始めました。 　ふと駐輪場を見ると，以下のような貼り紙がありました。 **感謝メッセージ** 　きれいに駐輪していただきありがとうございます。 　　　　　　　　　　　　　　　　　　○○スーパー交通整備員 **命令メッセージ** 　きれいに駐輪してください。 　　　　　　　　　　　　　　　　　　○○スーパー交通整備員 **送り手の情報** 　貼り紙の人物は，あなたが普段からよく見かける交通整理係の人でした。その人は，いつも自転車をきれいに整頓してくれています。

自転車の駐輪場面を想定し、場面設定に対する回答を求めました。この教示では、普段よく見かける交通整理の人という形で、メッセージの送り手が誰なのかについて、はっきりわかるような形で提示されていました。このように自分が知っている人からの感謝や命令は、どういった影響を与えるのでしょうか。

迷惑行為への抑制意図（「ほかの自転車を動かして、空いたところに自分

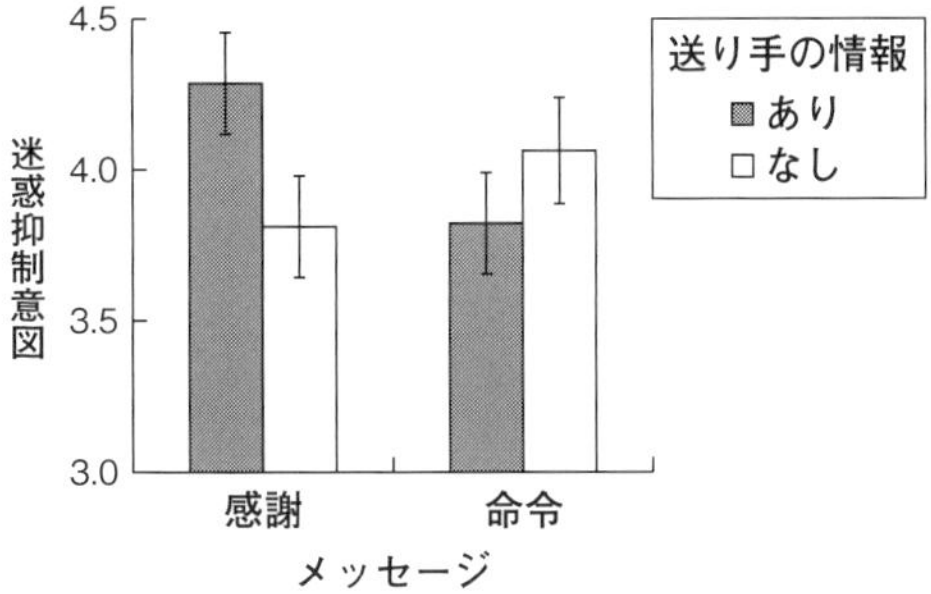

図 28　実験条件別に見た駐輪違反抑制意図の平均値（エラーバーは標準誤差）（油尾と吉田，2012 より）

の自転車をとめる」および「別の空いている駐輪場を探して、自分の自転車をとめる」の二項目合計、六件法で回答）について、結果を図に示したものが図28になります。

この結果より、感謝メッセージを提示された人は、送り手の情報があるときに、社会的迷惑行為の抑制意図が高くなり、逆に命令メッセージでは送り手の情報のないほうが、抑制意図は高くなりました。このことから、送り手の情報というのは、どんな状況でも提示したほうがいいわけではないようです。感謝メッセージは単独で提示するのではなく、送り手の情報を併せて提示することで、抑制意図が高まるといえそうです。しかし通常は、命令型のほうが街中で見かける機会は多いので、送り手の情報は提示しないほうが、効果は高いことになります。

油尾たちは感謝提示の効果について、送り手の好意に対してお返しをしたいという、返報性に基づくポジティブな心理的特性によるものであると述べています。突き詰めると、返報性とはポジティブなインプットに対し、ポジティブなアウトプットを返さなければいけないという形のルールです。そうであるならば、ポジティブなインプットでありさえすればよく、感謝の形で提示することにこだわる必要はなくなります。果たしてそうなのでしょうか。

●親切に応えてルールを守る?

そこで、油尾と吉田（二〇一三）は、報酬による社会的迷惑行為の抑止効果を、実験によって検討しました。ここでの報酬は、先に述べた「逆ネズミ捕り」のようなものではなく、認知者が好意の提供（親切な行動）を行うことで、行為者に申し訳ないという気持ちを抱かせる形で、迷惑行為を抑止しようというものです。〝好意を与えてくれた他者に対して、同様のお返しをしなければならない〟というのも、返報性の一形態です。送り手そのものからのアプローチである点も踏まえれば、強い抑止効果が期待できるというものです。

油尾たちの実験では、三名の実験参加者を個人とペアに分け、互いの顔がわかる状態で実験概要の説明を行いました。このとき、個人条件の参加者は、課題に集中して取り組むよう指示され、ペアは話し合って課題に取り組むように指示をされました。しかし、課題を実施するのがパーティションで区切ったスペースなので、集中している個人条件の参加者から見れば、二人の声は丸聞こえであり、それは迷惑行為そのものです。これにより、顔を見た相手による迷惑行為が演出されるわけです。

課題は二回のセッション（クロスワードパズル）を実施するのですが、一回目のセッション後、参加者は質問紙への記入を求められます。このとき、個人条件の回答者が「音が響く部屋だと思った」と発言するように仕向けられ、ペアの二人は自分たちの声が、相手に迷惑を及ぼしていたことに気づかされます。

その後、二回目のセッションに入るまでの休憩時間の間に、個人条件の実験参加者は「喉が渇いたので飲み物を買いに行きたい」と言って、部屋の外に出ます。これも実験者の差し金なのですが、このとき実験参加者は、下記どちらかの条件に割り振られます。

1　自分一人分だけの飲み物を実験者に渡されて戻ってくる

……好意提供なし条件

2　自分自身に加え、部屋にいる二名の分合計三個を渡されて戻ってくる

……好意提供条件

好意提供条件では、あたかも二人のために飲み物を買ってきたかのように振る舞いました。当然ですが、飲み物がペア参加者に対する好意の提示として機能します。三人は次のセッションまでそれを飲むなどして待ち、二回目のセッションを実施した後、質問紙に回答して実験は終了となりました。

返報性を強く内在化している人とそうでない人とでは、飲み物の提供を受けたことによる影響力の強さが違うと想定されます。そこで、「恩を感じた」「お返しをしたいと思った」等の項目を合計したものを返報性の指標として、飲み物の提供を受けた人たちを、平均値を基準に高―低の二群に分けました。

その上で、これらと好意の提供を受けなかった群の三群を独立変数、「声の大きさに注意した」「（相手のことを）気遣いながら取り組んだ」といった項目で構成される、迷惑抑制意図の変化量を従属変数としてまとめたものが、表15になります。分散分析を行ったところ、迷惑抑制意図の変化量に有意差が見られました。細かく見ると、好意提供を受けた

表15　3条件ごとの迷惑抑制意図の変化量の平均値と標準偏差
（油尾と吉田，2013より）

	好意提供あり 互恵性規範高群 N=28	好意提供あり 互恵性規範低群 N=22	好意提供 なし群 N=52	F
迷惑抑制意図	1.43（1.50）	0.18（1.54）	0.57（1.26）	5.62*

（　）内は標準偏差。　*p<.01

返報性規範高群が、他の二群と比べて抑制意図を高めることが明らかとなりました。

結果から、好意がダイレクトに抑制意図に影響するのではなく、好意を示されることに返報しようという意図が、迷惑の抑止に影響していることがわかります。先行研究では、好意の提供は自動的に返報性規範を喚起して、向社会的行動が促進されるとされていました（チャルディーニ 二〇〇一、リーガン 一九七一）。しかし、この実験では、好意を提供されても返報性規範が低いままで、抑制意図を高めることもない実験参加者がいたことから、二つが単純に連動しているとはいえないことになります。

この点について、油尾たちは、対応を迫られた行動の質に言及しています。チャルディーニやリーガンの枠組みで好意により引き出されるのは、援助やフォローといった向社会的行動でした。対して油尾たちの実験で志向されたのは、迷惑行為の抑止であり、マイナスからプラスの方向に、大きく舵を切る必要に迫られるものでした。単純な好意だけでは、劇的な変容がしにくい上、規範焦点理論に基づけば、「隣の一人でやっている人のために、静かにすることも大事だろうけど、そもそも話し合ってやる必要があるといわれているじゃないか！」と、別の規範に焦点づけることも可能である点が、好意と返報性の連鎖を断ち切ったと考えられるのです。

油尾と吉田の三つの研究を整理すると、感謝や好意の提示は、返報性と強く関連しているものの、自動的な喚起をもたらすものではないようです。返報性自体は、教育やしつけなどを通じて内在化するものなので、これを内在化している程度が強い人と弱い人がいるのは、いわばやむを得ないでしょう。

また日本には、「うまい話には気をつけろ」「タダほど高いものはない」等というように、返報性を逆手に取り、搾取しようとする輩に対し、注意を促すこともあります。こうした警戒心が強い人は、特に好意による返報性を喚起させにくい可能性もありますが、それでも返報性が抑止効果につながる可能性は、確認できたといえるでしょう。

始めに述べた通り、これまで迷惑行為抑止は、ＢＩＳに基づくものがほとんどで、実社会においてＢＡＳに基づくアプローチは、ほとんど行われていません。しかしこれらの実験結果は、その効果を十分実証するものといえます。

●教育側面からのアプローチについて

最後は、後天的に獲得される能力レベルの社会的自己制御（SSR）についてです。これは、「社会的場面で、個人の欲求や意思と現状認知との間でズレが起こったときに、内的基準・外的基準の必要性に応じて自己を主張するもしくは抑制する能力」とされています。確かに、周囲に迷惑を及ぼすような状況で、自身の要求や意思を抑えられるかどうかは、迷惑行為の抑止に大きく影響すると考えられます。

原田たちによれば、SSRは後天的に獲得されるものです。このため、教育やトレーニングを通じて高めていくことができると考えられますが、心理学を活用した授業例が、吉田たち（二〇〇二、二〇〇五）にまとめられています。これらは非常に面白い試みで、授業カリキュラムの中に「こころの教育」を導入するべく実施した、ソーシャルライフの授業プログラム開発プロジェクトに基づいています。

ゴールマン（一九九六）が書いた『EQ――こころの知能指数』は、自己や他者の感情を知覚し、また自分の感情をコントロールする知能として、EQという概念を広く知らしめました。日本の学校教育は、知識の伝達に比重をおくあまり、EQ的なものを育もうという視点が欠けているといわれます。

古き良き時代にあった、〝地域で子どもたちを育てる〟という意識が共有されることもなくなり、基本的な対人関係や社会のルールに反しても、それを怒ってくれる「近所のおじさん」は、いなくなってしまいました。家庭では、親が「友達のような親子関係」を志向し、良好な親子関係の構築に注力します。加えて、親が管理をする代償として、物質的側面を満たすようにさまざまなものを買い与えたりした結果、子どもは一人で過ごすことを気楽であると感じるようになります（吉田　一九九七）。その結果として、しつけをする人が不在となることに加え、対人関係スキルを習得したり、洗練させるチャンスも失われてしまうのです。

対人関係スキルが鍛えられることなく育てられれば、友達同士でぶつかり合い、人間関係のルールを理解・形成していく機会も減少します。必然的に、他者と十分に関わることもなく、自分の周りの仲間だけで「社会」を作るようになり、これが問題行動を発生させる一因となるわけです。第1章で述べたバカッター騒動も、こうした内向きの姿勢が原因なのかもしれません。

とにかく、家庭や地域で「こころの教育」を担うのが難しいのであれば、学校教育がその役割を担う必要が出てきます。ソーシャルライフ・プログラムは、教育心理学や社会心理学がこれまで蓄積してきた、人の行動の仕組み・対人関係・集団や社会に関する知見を体験的に教えることで、社会的コンピテンスや社会志向性を高めようという試みです。

このプログラムは、望ましい行動指標など、知識としての心理学を教えるのではなく、考え方の基礎を養うことに主眼をおいている点が特筆されます。例えるなら、「後部座席に乗ったときも、シートベルトはきちんと着用しましょう」という形で、するべき行動・守るべきルールを教えるのではなく、「シートベルトをしないで事故が起きると、どうなるでしょう?」という問いで、自発的にその必要性や影響力の大きさなどを、考えさせるような教育を目指しているのです。

繰返しになりますが、迷惑とは考えないことであり、個人が欲求の赴くままの行動をとれば、他者が不利益を被るため、ルールによる規制が行われるのです。ですから、自身の行為がどういう結果をもたらすのかについてきちんと考えたり、どうしてそのルールが決められたのかを理解しようとする姿勢が、抑止という観点から見て大切です。ソーシャルライフ・プログラムを通じ、自身を客観的な視点から見ることで、自分と異なる欲求や視点を持った人がいることに気づけるようになります。

この試みは、特に中学・高校生が対象であると考えた場合、ただ知識を教えるよりも有効です。普通に考えれば、この年齢層の子どもたちが、「○○を守りましょう」などという命令的なメッセージを、素直に受けとるとは考えにくいからです。第二次反抗期以降の子どもたちは、家族中心から、同世代の友達や恋人との関係を大切にするようになり、親との距離は広がっていきます。また、さまざまな大人社会のルールを疑い、教師など私生活に干渉する大人に対しても、ブレームとブレーム（一九八一）がいうような、強いリアクタンス（抵抗）を生じさせ、反抗的な態度をとるようにもなります。

そんな大人のいうことを素直に聞くことはできない子どもたちであっても、主体的に自身で影響力に思いを至らせるのであれば、そうした反発を抱くこともありません。

では、どのようなプログラムによって、社会性（社会志向性や社会的コンピテンス）を高めようとしているのでしょうか。吉田たちのまとめた二冊の中には、人づきあいのスキルや記憶の曖昧さなど、心理学の知見に基づくたくさんの授業例が紹介されています。中でも特に、「他者（ひと）の立場で考える」と、「ゲームで学ぶ協力行動」の二つが、SSRを高めて社会的迷惑の抑止につながる授業例として、大きな可能性を秘めています。それぞれ解説したいと思います。

●共感性の涵養に基づくルール違反・社会的迷惑の抑止

「他者（ひと）の立場で考える」は、共感性に基づくアプローチです。共感性とは小池（二〇〇三）によれば、情動的側面を共感性とする立場と、認知的側面を共感性とする立場の、二つが存在します。

情動的側面とは、「相手の感情と同じものを自分の中で経験する」ことを指します。これが高い人は、不幸な人を見て自身も辛い気持ちになったり、平静でいられなくなったりします。一般には、優しい人であるとか、他者に配慮ができるような人と認識されることが多いでしょう。

認知的側面とは、「相手の立場に立って物事を見て、相手の気持ちがわかる」ことを意味します。これが高い人は、相手のすることを理解するべく、向こうの視点から見るとどうなのかを想像できたり、理由を色々と考えることができます。一般には、反対意見によく耳を傾けたり、色々な切り口から物事をとらえたりできる人と評価されるはずです。

これらの共感性が高いと、援助行動は促進され、逆に攻撃行動が抑制されます。また小池と吉田（二〇〇七）は、共感性の低い人は高い人と比べ、行為を迷惑と認知しやすくなることを明らかにしています。吉田たちは、どういった手法でこれを高めようとしているのでしょうか。

そもそもですが、自分が影響を与えている他者の存在に気がつかなければ、相手の気持ちになったり、立場に立つこともできません。したがって、他者の存在に気づくようにするトレーニングが必要なのです。さらにいえば、目の前にいない無関係な人の存在にまで思いを至らせ、自身の行動が及ぼす影響力を考えられるまでになることが、抑止に至る第一歩となります。

こうした視点を獲得するための授業例として、吉田たち（二〇〇五）では、絵に登場する主人公の行動から影響を受ける人を、できるだけたくさん考え出すという課題を提案しています。このセッションでは、「出来事にかかわるできるだけたくさんの人を探してみる練習」であると教示をした上で、図29にあるような図を提示し、主人公になったつもりで下記の教示を聞くように求められます。

「あなたは、友達三人とコンビニの前で待ち合わせをしました。全員そろったので、どこかへ行こうかとも思いましたが、面倒だったので、そのままコンビニの入り口前に座り込んで、みんなでおしゃべりを始めました。」

図 29　授業で提示された場面（吉田たち，2005 より）

「では、主人公であるみんながそこに座り込んで話をすることによって、どれだけの人が影響を受けるか考えてみてください。座り込むことが良いことか悪いことかということは、今回は考えず、座り込むことで影響を受ける人をできるだけたくさん見つけ出してください。この絵にいない人を、自由に想像して考えても構いません。」

このとき、意見が出ないようであれば、「多くの人が出来事に関わっている」「絵には描かれていないようなその場にいない人にまで影響を与える可能性がある」など適宜指示を出し、図30のような回答記入用紙に記入を求めます。最後に回答を発表してもらうのですが、このとき提示した絵に描

（　）組（　）番　名前（　　　　　　　）	
影響を受ける人	どのような影響を受けるか

図 30　回答記入用紙例（吉田たち，2005 より）

かれている人物であれば、黒板に提示した絵に○をつけ、描かれていない人物であれば、絵の外にその人物名などを板書していきます。

実のところ、コンビニの駐車場でたむろしているという行為は、どれくらいの人に影響を与えるのでしょうか。直接的な影響を受けると考えられるのは、コンビニの店員さんたちでしょう。外観を損ねるため、クレームが入ることもあるでしょう。図を見ると、駐車スペースが一つ占有されています。お店に入ろうとするお客さんがいても、「入り口でたむろしているから怖い、止めておこう」と来店を避ければ、売上げも落ちることになります。

たむろするのを注意もせず無視していたら、「あのコンビニは居心地のよいたまり場になる」という噂が流れ、そうした輩が増えるかもしれません。そうなると、地域の治安の悪化という具合に、そのお店だけの問題ではなくなります。極端なことをいえば、この街への引っ越しを考えている人が下見に来ていて、コンビニの前を通ったらどう思うでしょうか。「治安の良くない街だなぁ、ここは止めておこう」などと、偏見を持たれるかもしれません。

さらに、学校帰りの制服姿であれば、「あの中学は……」という悪評も立ちます。学校に苦情が行くばかりでなく、真面目に生活・勉強している生徒も、色眼鏡で見られることになるのです。「近頃の若い者は」というふうに、いつの時代にもあるような、年長世代からの批判にさらされるかもしれません……。

ここに挙げたものは一例ですが、最後に「私たちの行動は、実はとてもたくさんの人に影響を与えていることがあり、それに気づかなかったりもする。もしかしたら、自分では気がつかなくても非常に不快な思いをしている人がいるかもしれない。日常生活の中で、たくさんの人がみんなの行動から影響を受けているかもしれません」などと指摘すると共に、日常生活における出来事についても意識を向けさせることで、自発的に色々なことに目を向け、相手の立場や考えにも、思いを至らせるようになるわけです。

●囚人のジレンマゲームに基づくルール違反・社会的迷惑の抑止

もう一つの「ゲームで学ぶ協力行動」とは、「囚人のジレンマ」と呼ばれる、ゲーム理論に基づいたプログラムです。これは、お互いに影響を及ぼしあう社会において、どのように行動することが望ましいのかを、体験的に理解させることを目的としています。

囚人のジレンマについては、山岸（一九九〇）で解説されていますのでそちらを参照いただくとして、概要を簡単に説明すれば、二人の犯罪の容疑者が「自白」か「黙秘」のどちらを選ぶのかというものです。具体的にA、B二人の容疑者を特定したものの、犯罪を立件できるだけの十分な証拠がない状況で、検察が微罪で別件逮捕し、自白させることで立件しようとしたとします。

このとき司法取引で、図31のように、相手が黙秘しているのに自分が裏切って自白すれば、相手は無期懲役を科せられますが、自分は不起訴にしてやると持ちかけられます。しかし、お互いが裏切らず黙秘を貫けば、微罪にしか問えないのでどちらも懲役三年、逆に二人共が自白すれば、両者に懲役一〇年が科せられるわけです。それぞれの容疑者は自白をするのか、黙秘を貫くのかどちらをとるのかの判断に迫られます。

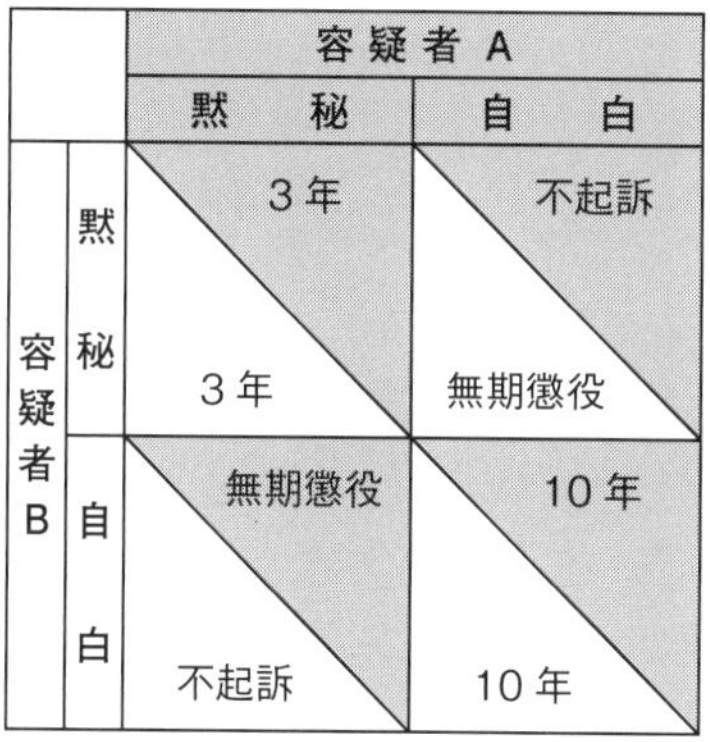

	容疑者A	
	黙秘	自白
容疑者B 黙秘	3年 / 3年	不起訴 / 無期懲役
容疑者B 自白	無期懲役 / 不起訴	10年 / 10年

図31　囚人のジレンマ（吉田たち，2005より）

二人の容疑者が満足するという観点から見れば、望ましい行動は黙秘になります。お互いが協力すれば、二人とも三年で娑婆に出て来られるからです。しかし、相手のことを考えないで自分さえよければというのなら、自白したほうが得なのです。あわよくば、自分が自白をして相手が黙秘すれば、不起訴処分を勝ちとれます。自分が黙秘したのに相手が自白をすれば、無期懲役に科されてしまいますが、共に自白をすれば一〇年の刑が科せられます。こんなふうに考えると囚人のジレンマは、「自分の利益を多少犠牲にしても、お互いの利益を優先させる」のか、「相手のことなど考えないで、自分の利益だけを追求する」のかを、選択する状況といえます。

　同じような状況は、日常生活でも数多く存在します。共同作業で、二人で仕事をこなせばどちらも労力を割く必要がありますが、一方がサボればその人は楽ができます。しかし、仕事を押しつけられたほうは大きな不満を持ちますし、だからといって二人共がサボれば仕事が進みません。こうした共同作業事態では、お互いの満足を追求した結果、結局お互いが損をしてしまうのです。共同作業事態は二者関係である必要もなく、渋滞などの交通問題や環境問題にも当てはまります。多少の不便を我慢して、みんなが公共交通機関を利用すれば、渋滞も二酸化炭素も減らせます。しかし、自分さえよければと考えて自動車通勤をする人ばかりであれば、渋滞はますますひどくなるというわけです。

　こうしたジレンマ事態を解消するには、どうすればよいのでしょうか。やはり、それぞれが及ぼす影響力に思いを至らせることなのですが、加えて自分のおかれた状況を、より長期的な視点から見ることも重要です。

　囚人のジレンマで選択される、黙秘か自白かというのは、いわば一回だけの選択です。しかし、共同作業をサボるのは、一回だけですむような問題ではありません。そのときは自分が楽をしたと思っても、「○○君は仕事をサボる」と評価されることで、信頼を著しく失います。恐らく次の機会には、「アイツに楽をさせるのは馬鹿馬鹿しい」と、前回仕

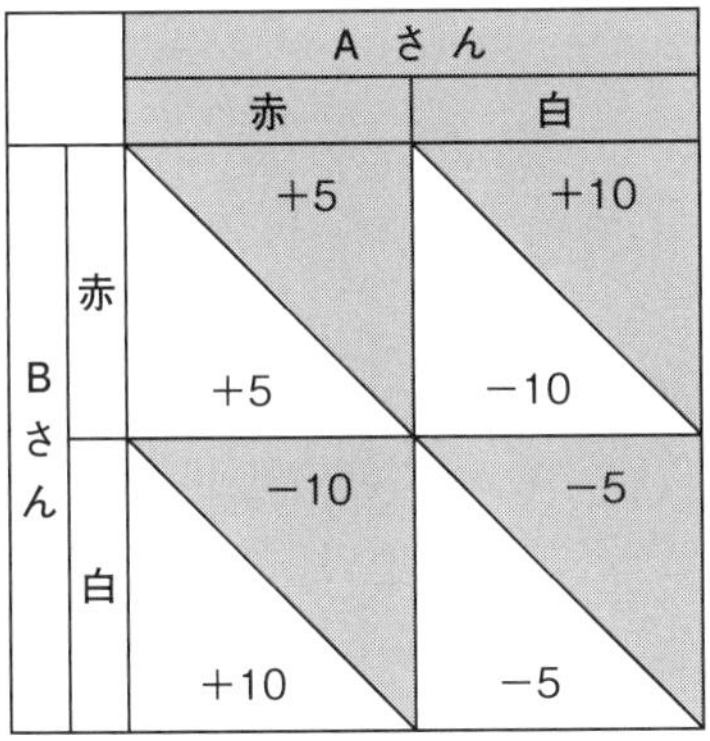

図32　二つじゃんけんでのジレンマ（吉田たち，2005より）

事をしてくれた相方も、真面目に仕事をすることはないでしょう。さらに、「お前はサボるから信頼できない」とレッテルを貼られ、相手にしてもらえなくなるかもしれません。一時的に利益を追求する行為は、長期の視点では大きな損失をもたらします。

　これを実感させる授業例として、吉田たち（二〇〇五）は、「二つじゃんけん」という対戦ゲームを考案しています。通常じゃんけんは、グー・チョキ・パーの三すくみですが、二つじゃんけんでは図**32**のように、二人がそれぞれ、赤か白のどちらかを提示します。

　ここではそれぞれが、「赤」か「白」のどちらかを選択します。図中の数値は、灰色の数値がAさんの得点で、白い部分がBさんの得点です。ここで、二人共が赤を提示すれば、どちらもプラス五点を得ることができます。しかし、一方が赤を出したのにもう一方が白を出した場合、白を出したほうは高い得点（プラス一〇点）を得ることができる一方、赤を出したほうは大きなマイナス（マイナス一〇点）になります。そうかといって二人共が白を出せば、お互いが困ること（どちらもマイナス五点）になるのです。

この二つじゃんけんのポイントは、四人のグループを作り、中の三人と対戦させることと、一人の相手と三〜七回ずつ対戦をするという点です。さらに、図33のように「1　このゲームで、多くの得点を得るにはどうすれば良いのか」について記入させることで、色々なことを考えなければいけないことに気がつかせるよう、工夫されています。

特定の相手一人に対し、一回だけのセッションであれば、自分に都合が良い手を出せばよいかもしれません。しかし、四人で行うことにより、他の二人には「あの人は協力的ではないな……」と、警戒されてしまうことになります。さらに、目の前の対戦相手とも複数回じゃんけんをするので、二回目以降は応報により、協力行動をとるよりも得点は低くなります。「自分のことだけを考えて行動すると、結果的に損になる」のです。

換言すれば、自分が得をするためには、他人のことも考えて行動するほうがいいのです。「損して得取れ」とか「情けは人のためならず」が、間違いではないことを実感するとと

【得点盤②での対戦成績】

●第１回戦：	自分の得点（　　）点	相手の得点（　　）点
●第２回戦：	自分の得点（　　）点	相手の得点（　　）点
●第３回戦：	自分の得点（　　）点	相手の得点（　　）点
合　計：	自分の得点（　　）点	相手の得点（　　）点

1. このゲームで，多くの得点を得るにはどうすればいいと思いますか？

2. その他，気づいたり思ったりしたことを記入しましょう。

図 33　二つじゃんけんの得点記入用紙例（吉田たち，2005 より）

もに、最後に日常生活における、こうしたことわざが当てはまる例を色々と考えてもらいます。自己利益を追求する果てに思いを至らせることは、自発的にルールを守るようになる、いわば布石となるのです。

お恥ずかしい話なのですが、筆者は若かりし大学院生の頃、ＳＳＲに基づく教育的アプローチについて否定的でした。恩師からプロジェクトに誘われたときも、「自分の思うところと違いますので」と、エラそうに突っぱねたことを、実は今になって少し後悔しています。

否定的だった理由ははっきりしていて、それは「卒業してしまった、学ぶ機会のない大人はどうすればよいのか。迷惑を抑止するアプローチは、むしろそちらのほうが大切ではないのか」という疑問でした。しかしその後、自身も大学教員（教育者）として日々の業務をこなす中、教育が社会を創るという、長期の展望でとらえることの大切さを痛感しています。

そんなこともあり、最近は日々の講義や実験演習の中で、「他者の視点を持つ・物事を色々な切り口から見ていく」癖をつけるよう、学生たちに語りかけるようにしています。学びを通じて少しでも、今まで考えもしなかったことを、ほんの少しでよいので立ち止まってくれたら……という気持ちからです。

●考えることの大切さ

ここまで、ルール違反や社会的迷惑行為の抑止策について、色々な側面から検討してきました。本章の最後に、これまで得てきた知見をまとめる形で、色々な社会問題を例に挙げながら、今後のルール違反・社会的迷惑行為抑止についてまとめ、展望しておきたいと思います。

繰返しになりますが、自分の行為がどういう影響を及ぼすのかについて常に〝考える〟のであれば、ルールを平然と破ったり、迷惑行為を繰り返すようなことはないと思います。しかし、ルールは往々にして自分の行動を制約するものですし、他者に対する迷惑は、自分の利便に則った結果ですから、決して楽しいものではありません。それゆえ、多くの行為者は、ルール違反や迷惑行為がもたらす結果について、意識下に押し留めてしまうのです。これを解消するためにも、自身の行為が及ぼす影響を意識レベルに上げ、かつ迷惑や被害を受ける相手の立場・気持ちに思いを至らせることが、抑止の鍵となります。

そして、〝考える〟上で大きな問題になるのが、「面倒くさい」というコスト意識です。一般に、面倒とは些末なことであり、「そんなことを面倒くさがって！」などと軽く評価され、克服することが当たり前のように論じられがちです。しかし、面倒だと思うことを克服するのにかかるコストは、想像するよりもずっと大きいのです。面倒だからサボるとか、やるべきことをやらないなどといった、欲求に従うがままの行動は、周囲に多大な迷惑を及ぼすだけでなく、自身の成長をも妨げることになります。これを克服するのは、想像以上に困難であり、人生を絶えず惑わすものなのです。

残念ながら、心理学では、この「面倒」という変数そのものを、あまり扱ってきませんでした。それでも、欲望・妬み・面倒といったネガティブな意識というのは、ルール違反や迷惑行為とは、きわめて密に関連しています。どのように変数として投入し、検討していくべきかは今後の重要な課題です。

ただし見方を変えればですが、面倒という感情に基づいた、自分が楽をしたいとか負担を回避したいといった感情は、否定されるばかりでもありません。技術の進歩や社会システムというのは、この「面倒くさい」を克服し、便利にすることが、その原動力となっているからです。楽をしたいという認知は、毒になるばかりでもないのです。

面倒だと思ってポイ捨てをする輩が悪いのは、議論の余地はありませんが、ポイ捨てをせざるを得ないほど捨てる場所が少ないのも、見方を変えれば問題なのです。ゴミ箱を増やしたり、ゴミ捨てのルールを整備したりといった対策で、ポイ捨てを減らせるはずであり、〝けしからん！〟という感情だけでは、見えてこないのです。

●厳罰化の懸念

最後に、抑止策を検討する上で陥りがちな、厳罰化がもたらす懸念について、展望しておきたいと思います。

厳罰化を全否定するつもりはありません。章の初めに述べたように、危険運転致死傷罪

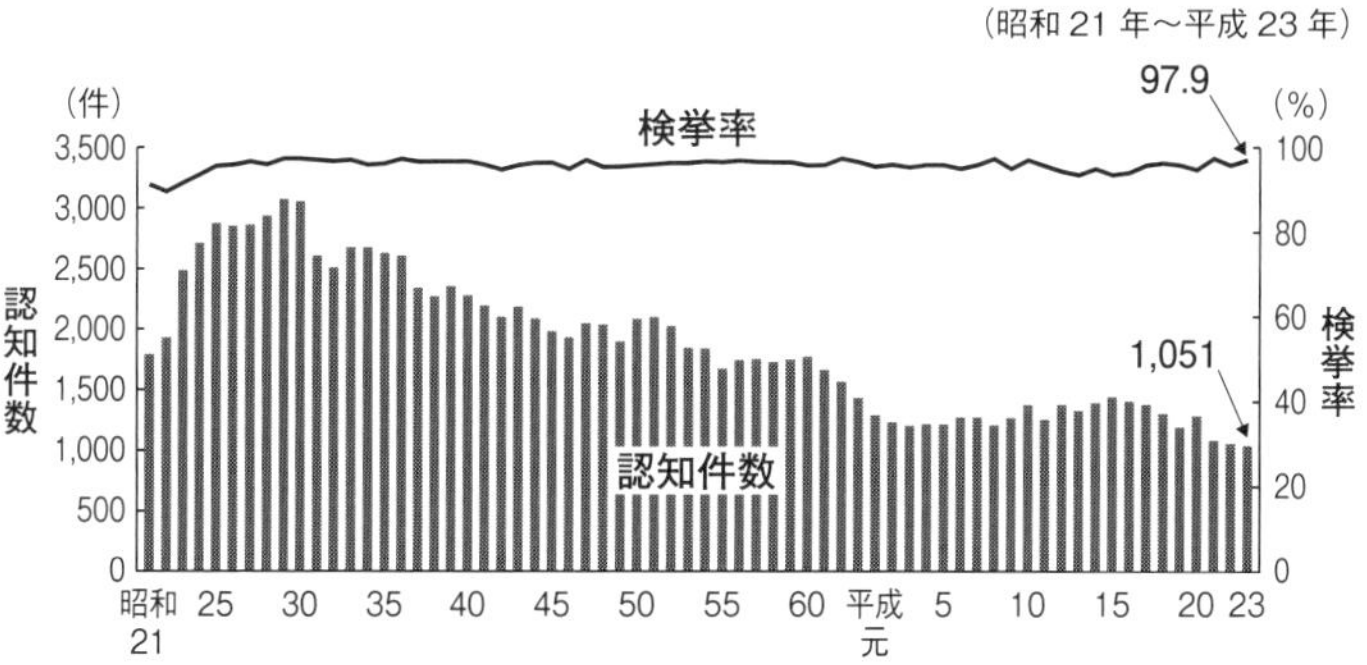

注1：警察庁の統計による。
　2：昭和30年以前は，14歳未満の少年による触法行為を含む。

図34　殺人の認知件数・検挙率の推移（野下たち，2013より）

の新設後に、悪質な交通違反に起因した痛ましい事故が、大きく減少した事実は、否定できないからです。

　とはいえ、効果があるからといって、ありとあらゆる犯罪を厳罰化することは、やはり問題です。あらゆる罰則を強化した社会が、住みよい社会とはいえないからです。単純な処罰感情ではなく、厳罰化が何をもたらすのかを、しっかり考える必要があります。

　このような厳罰志向・治安強化の源流は、二〇〇三年の犯罪対策閣僚会議における、「犯罪に強い社会の実現のための行動計画」の策定にたどりつきます（首相官邸 二〇〇三）。しかし実際には、図34のように、警察庁の平成二七年度における殺人の認知件数は九三三件であり、長期減少傾向を経て（野下たち 二〇一三）、戦後最低を記録しているのです。この数は、たとえば昭和三三年の二六八三件と比べて半数以下であり、犯罪の増加に対処した、実情を反映させた厳罰化とはいえません（法務省法務総合研究所 一九六〇、二〇一六）。

それなのに、犯罪件数が増加していると社会的に認識され、厳罰化が進む背景には、マスメディアの犯罪報道の過熱化が大きいといわれています（板山 二〇一四）。すなわち、ワイドショーや週刊誌などのマスコミが、事実解明だけでなく凶悪犯罪や劇場型犯罪など、注目を集めやすいものを多く報道することで（小城 二〇〇四）、実際の治安状況とは乖離した体感治安を悪化させているようなのです。

このように、近年の厳罰化は、実態を反映した結果ではないのですが、考えなくてはならないのが、過剰収容の問題です。平成一九年度の犯罪白書（法務総合研究所 二〇〇七）を見ると、収容人員が収容定員を超えている行刑施設は、全七五施設中五三施設（七〇・七％）に上っていました。近年は収容定員が増強され、平成二八年の犯罪白書では、超過している施設は七七施設中三施設にまで低下しているのですが、このこと自体も一考の余地があります。その負担が税金でまかなわれているからです。

今後も厳罰化が進んだ場合、「簡単に入れられるけどなかなか出られない刑務所」がどんどん増えることになります。一定の割合で犯罪者は収監されてくるわけなので、行刑施設の収容人数は増加の一途をたどることになり、刑務所内における治安の悪化が懸念されます。さらに、刑務官一人あたりの担当犯罪者数が増えれば多勢に無勢となり、暴動が起きる可能性すら出てきます。

それでも、「罪を犯した人間は隔離して、自分のそばにいてほしくない」と思うのは、自然なことでしょう。前科がある人に対し、社会は優しくないからです。ただし厳罰化は、そういう〝前科者〟をどんどん生み出していく構造に加え、量刑が重くなるわけですから、社会復帰自体が難しくなります。履歴書に長期の空白があるような人を雇う会社も少ないでしょうし、受刑者自体も長期間刑務所に入っていれば、浦島太郎状態になります。厳罰化故に、社会復帰できない人が大量に出てくるのですが、そういう人たちを生活保護で養うのも、最終的には税金ということになります。

厳罰化は、こうした社会的コストの増大と直結しています。処罰感情や怒りに任せ、こうした切り口からも考えないと、結局は社会全体の損失につながるのです。社会全体のコストまで含めて、犯した罪に相応しいペナルティを決めるのは、本当に難しいのです。もちろん、ここまで考えた上でも厳罰化が社会的に支持され、長期にわたる懲役刑を科すべきという意見が主流であるのなら、それは致し方ないことかもしれません。

ルールを厳格に適用し、取り締まりを徹底するというのは一見、正しいことのように思えます。ただ、それが本当に住みよい社会をもたらすのかについては、秦の商鞅の事例をもとに、今一度考えていただきたいのです。

商鞅《おう》は、古代中国における秦王国の政治家で、法治国家・富国強兵を目指した改革を断行しました。商鞅の変法と呼ばれるこの改革は、地縁の連帯責任や、度量衡の統一・兵農一致などを通じ、始皇帝による中央集権国家の礎を作りました。こうした改革で、秦は確かに大国になったのですが、一方で秦王の太子が法令に違反すると「法令が守られないのは、上に立つ者がこれを犯すからだ」と、その補導係を死刑にするなど、苛烈な厳罰主義による法治を徹底しました。

ところが、後にその太子が即位して恵王となると、商鞅は反逆罪に問われます。都から逃亡し、関所の宿で一宿を請うと、主人は「商鞅様の厳命で、通行手形を所持していない人間を泊めると罰せられる」と、相手が商鞅であることも知らないで、けんもほろろにこれを断ります。このとき商鞅は天を仰ぎ、「ああ、法令の害毒となんとここまでひどいのか（法律を作り徹底させた弊害が、こんな結果をもたらすとは）」と嘆き、最後には捕えられ、殺されてしまうのです（貝塚 一九六三、吉川 一九八六）。

このエピソードは、〝作法自斃〟という言葉として、己の作ったルールや法によって命をなくすこと、自業自得という意味で用いられることがあります。ルールや罰則を強化して、ガチガチに固められた社会が住みよいのかについて考えるとき、筆者にはいつもこのエピソードが思い浮かぶのです。

ルールを取り巻く社会規範や社会的迷惑に関する研究の紹介は、以上になります。次章では、ルールに関する研究の問題点、留意点などについてまとめると共に、その面白さと難しさについて、研究手法という観点から述べていきたいと思います。

5・ルール研究の今後

●調査手法の課題と可能性

ルールを守る心理や逸脱行為、社会的迷惑行為に関する研究は、社会心理学においてもまだまだ始まったばかりです。また、知見を世の中に還元するという観点から見ても、心理学が社会に貢献する余地が大きく、やりがいのあるテーマであると思います。

反面で手法上の限界や、倫理的な問題が常について回り、これを克服するのは時に、大きな困難を伴います。本章では、研究遂行上の問題点や課題についてまとめると共に、今後の研究の方向性や可能性について展望してみたいと思います。

●調査の信頼性と妥当性

心理学の研究は、主に調査や実験、観察などで得られたデータを統計的に解析し、そこから何がいえるのかを、明らかにします。市井でお遊びとして行われているような、心理ゲームや心理テストと呼ばれるようなものではありません。それらの中には専門家から見ても、よくできているなぁ……と感心するものもありますが、残念ながら研究素材として用いるには、信頼性や妥当性が欠けているものがほとんどです。

心理学といわず、研究手法としてアンケートや調査を行うとき、尺度の信頼性と妥当性が担保されていることはきわめて重要です。

ここでいう信頼性とは、それが一貫した概念を測定しているかということです。

筆者はテレビゲームが好きで、脳年齢を測定するというソフトを、毎日やっていたことがありました。計算をしたり、数日前の記憶をたどったりするのですが、初めて脳年齢を測定したとき、五一歳と出たのに衝撃を受けました（ちなみに三三歳のときです）。悔しかったので、「今度は気合いを入れる！」と、二回目はものすごい集中力で取り組み、二一歳になって嬉しかったのを覚えています。

このゲームは大変面白かったのですが、問題はその信頼性です。一回目と二回目のチャレンジの間は、ものの数分程度しか経過していません。そんなわずかな時間で、脳年齢というのは大幅に若返るようなものなのでしょうか？　文字通り、そんなころころ変わる指標は〝信頼〟できないという話です。

この、信頼性を確保するために用いるのが、α係数とか信頼性係数と呼ばれるものです。おおむねα＝・七〇を超えれば、信頼性があると見なされています。この脳年齢測定ソフトは恐らく、信頼性が確認されているとは思えないので、結果に一喜一憂せず、あくまでゲームとして楽しむべきでしょう。

もう一つの妥当性は、測定したいものをきちんと測っているか、ということです。たとえば理系能力を見るのに「一一八五年に鎌倉幕府を作ったのは？」とか「形容動詞について説明しなさい」という問題が出題されたらどうでしょうか？　これが解けなかったからといって、「あなたは理系能力が低い！」といわれても、そんな結論は〝妥当〟ではないと思うのではないでしょうか。

アメリカ心理学会によれば、妥当性には内容的妥当性・基準関連妥当性・構成概念妥当性の三つがあるとされています。

具体的に、内容的妥当性というのは、測定したいという対象を正しく測定しているかどうかです。上の例は、決定的に内容的妥当性が欠けているといえます。心理学は、確率統計の手法を用いて研究を進めることが多いのですが、たとえば心理統計法という授業があったとして、その試験が授業で使われた教科書の「内容に」沿ったものであるかどうかなどが、これに該当します。当事者の思い込みではまずいということで、専門家の判断を根拠とすることもよくあります。

基準関連妥当性は、すでにある別の指標との相関などから、指標の妥当性を確認するものです。上でいう心理統計法の試験を受けた学生について、高校時代の数学の成績との相関をとって正の相関が得られれば、一応の基準関連妥当性があるといえるでしょう。

構成概念妥当性とは、測定しようとする概念が、どれだけ適切に反映されているかということです。心理統計法の定期試験が、漢字の書きとりや作者の心情を読みとらせるような出題であれば、構成概念妥当性に疑問が付されるでしょう。大学での心理統計・測定法といった授業で教えられているような、平均値や標準偏差、検定や相関、多変量解析などについてまんべんなく出題されていれば、高い妥当性があると判断されるというわけです。

心理的要因を明らかにするには、こうした信頼性や妥当性に注意を払いながら、尺度を作成する必要があります。しかし、ルール研究にはもう一つ社会的望ましさという、大きな壁がある点を留意しなければなりません。

●社会的望ましさのハードル

迷惑行為や逸脱行為、ルール違反を調査で明らかにする上で避けて通れない、社会的望ましさとはどんなものなのでしょうか。木場（一九七〇）はこれを、「人が検査を受けるにあたって、自己の本来の姿はともかく、社会的に望ましいと思われる方向に反応しようとする傾向」と定義しています。簡単にいえば、格好をつけたがるということです。人は自分に都合が悪いことを正直には回答しませんし、一人ひとりの回答がチェックされなくとも、何となくよく見せようと、実態よりも望ましい方向に偏る形で回答してしまうものです。

たとえば、社会的望ましさ尺度としてもっとも有名な、クラウンとマーロウー（一九六〇）の尺度を見てみると、「1　選挙に行く前に、すべての候補者を十分吟味してから投票している」という項目があります。普通に考えれば、特定の政党や候補者に思い入れがあった場合、すべての候補者を吟味する必要はありません。また、図35を見ていただければわかるように、日本の投票率は全体でも若年層においても、主要国の中で低いほうに入ります（佐藤 二〇一〇）。こうした投票率の低さを勘案すれば、そもそもすべての候補者

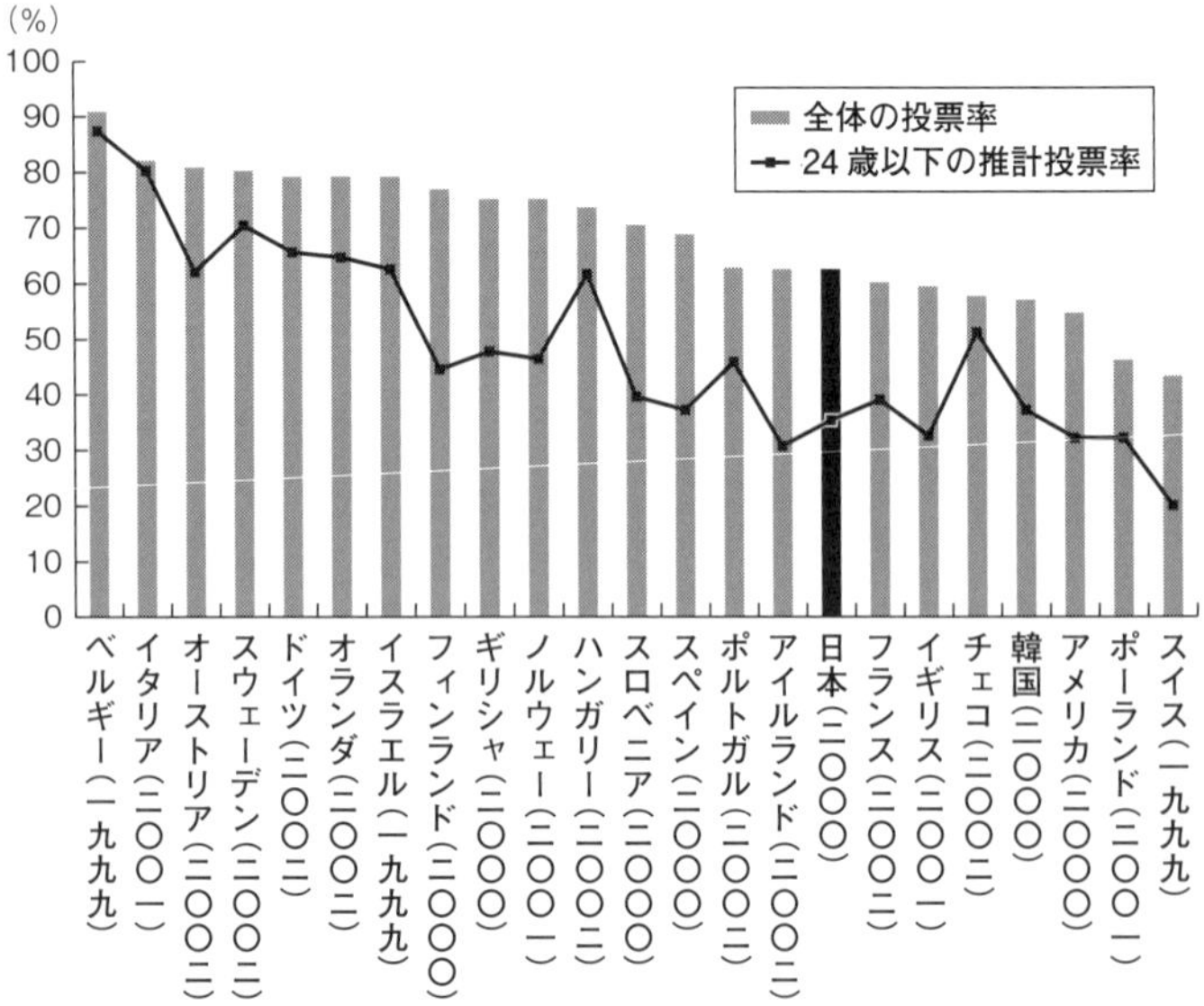

注：韓国の若年層の投票率は，20 歳から 29 歳までの投票率である。

図 35　主要国の若年層の投票率（フィールドハウスたち，2007 を基に日本，韓国，アメリカのデータを加えて佐藤，2010 が作成）

を十分吟味する人自体、ごく一部のはずなのです。しかし、こういう項目に回答を求められると、何も考えないで投票しているように思われるのは嫌だと考え、〝その通りです〟と回答してしまう傾向が、実態よりも高くなります。

ですから、迷惑行為やルール違反について、調査で実態を明らかにしようとするのは、非常に難しいのです。普通の人であれば、自分が迷惑行為をやっているなどと、堂々と回答するのをためらいますし、「自分はルールを破ったりしないし、人に迷惑なんかかけていない！」と回答しがちです。仕方ないことですが、こうした回答の偏りが、望ましくない側面を測定するような研究においては、顕著に出やすくなります。

また、正直に回答してもらったとしても、場合によっては回答者に違法行為を認めさせることになるため、倫理的にも大きな問題が生じます。回答が歪むのは問題であるのはもちろん、歪まなければ倫理的な問題が生じるわけですから、こうしたハードルを越えるには、さまざまな工夫が求められるのです。

●倫理的な問題

こうした倫理的な問題をクリアした調査を実施するには、どうすればよいのでしょうか。

残念ながら、恐らく誰も明確な答えを持ち合わせていないと思いますが、回答が歪むのであれば行動を見ればよいというのは、一つの研究の方向性ではあります。フィールド実験がそうしたアプローチです。

しかし、行動に着目すれば、何をやってもよいというわけではありません。そもそも社会心理学の領域において、実験倫理に関する問題が提起されたのは、一九六一年に行われた、ミルグラム（一九六三）によるアイヒマン実験になります。これは、ナチスドイツによるユダヤ人虐殺が、命令に従った下級兵士によるものであったという事実から、その心理を再現する実験を行ったものでした。

具体的には、実験に応募してきた一般市民の実験参加者たちが、「罰が記憶学習の成績向上に有効かどうかを調べる」と嘘の説明を受け、クジで偶然を装うのですが、生徒役（サクラ）に電気ショックを与えなければならない教師役を割り当てられます。そして、生徒が課題を間違えるたびに、苦痛が増大するように電圧を一五ボルトずつ上げていくようにいわれるのです（図36）。

これはいわば、「たかがアルバイトで、大学の先生にいわれたという程度の上からの命令」でした。しかしその結果、〝危険—激烈なショック〟と書かれている三〇〇ボルトを超え、最大四五〇ボルトのスイッチを押した実験参加者は、六五％にも上ったのです。

図36　服従実験に参加する実験参加者（ブラス，2004より）

人が、これほどまでに命令に弱いことを証明したこの実験は、非常に大きな衝撃を与えました。しかしそれ以上に、この実験は実験参加者に求める精神的負担があまりにも大きく、後日これらの実験参加者の中に、精神科に通院した人がいたと報告されています。罪もない人に危険なショックを与え続けてしまったという事実が、大きな心の負担となる人も多いのです。ブラス（二〇〇四　野島と藍澤訳　二〇〇八）によれば、実験参加者は実験中、下記のような反応を示したと記されています。

……実験参加者の多くは、神経質な様子を示した。それはとりわけ強い電気ショックを与えるときに、より顕著だった。非常に多くの場合、緊張の度合いは甚だしいものので、社会心理学の実験研究では滅多に見られないほどのものだった。実験参加者たちは、発汗し、震え、吃音になり、唇をかみ、うめき、体に爪を立てていた。これらは本実験を通じて特徴的なことであり、特殊なものでない。

この実験は、「科学の発展のために、実験参加者に大きな負担を強いることは許されるのか」という、倫理的な側面に焦点を当てるきっかけとなりました。現在では、アメリカ心理学会が研究遂行上の倫理的側面に関して、倫理綱領と呼ばれる基準を策定しています。また多くの大学において、調査や実験について倫理的な問題をクリアしているのか、研究実施前に審査をする仕組みになっています。

いうまでもなく、逸脱行為や社会的迷惑行為を対象とした研究についても、その実施には多くの問題を伴います。そもそも、逸脱行為を誘発したり、迷惑行為を提示するといった研究は、倫理的に認められません。

たとえばですが、第3章では記述的規範の影響力を検討するため、歩行者の信号無視行動に着目しました。観察結果より、歩行者を確信犯・同調型・遵守者の三つに分類しましたが、「一人の信号無視が、後続を誘発する」ことを実証すべく、サクラにわざと信号無視をさせるような実験計画を立てることは、絶対に許されません。サクラの行動自体が、道路交通法違反であるばかりか、周囲の歩行者を事故の危険にさらすことになるからです。

原則として、違反を促進するような研究計画が、認められることはないと考えるべきです。筆者が大学院生の頃は、研究倫理委員会といったものが存在していませんでしたが、こうしたチェックが厳格に機能している近年であれば、第4章の実験も議論が分かれるところです。禁止のメッセージを貼って、その効果を測定することは問題ありませんが、駐輪違反の自転車を置いておくことは、望ましくない行為を誘発することになるからです。

同様の理由で、社会的迷惑行為を誘発する実験計画も、十分な吟味が必要でしょう。第1章で、社会的迷惑行為は「当該行為が、本人を取り巻く他者や集団・社会に対し、直接的または間接的に影響を及ぼし、多くの人が不快を感じるプロセス」という定義を紹介しました。サクラが社会的迷惑行為をしている場面を見せること自体が、第三者を不快にさせることに他なりません。

このように考えていくと、ルール違反研究は倫理的に許されない問題が山積で、研究自体をやろうにも、がんじがらめで何もできないではないか……そう思ってしまうかもしれません。

しかし、ルール違反を抑止する要因を明らかにしたり、迷惑行為を減らすよう志向したアプローチであれば、倫理的な問題は生じません。そればかりか、知見を社会に還元するという意味でも、非常に意義深い研究にもなり得ます。ただしその比較においても、促進要因との比較ではなく、抑止策が提示されていない場面を統制群として、その比較を行うというのが、方法上の限界といえそうです。

ルール違反研究は、とても窮屈に思われるかもしれません。しかし、倫理的な問題に十分配慮した上で、現象を明らかにしていく試み自体が、その醍醐味であるといえます。大きな問題が立ちはだかってはいるのですが、これを打破する大きな可能性を秘めているのが、フィールド研究とＶＲ（バーチャル・リアリティ）であると、筆者は考えています。

●フィールドに飛びだそう

実験として独立変数を操作することは困難でも、行動や現象を明らかにしたいのであれば、フィールド観察を行えば、倫理面の問題はクリアできるはずです。実験者が何か操作をするわけではないので、逸脱行為を誘発することも、不快にさせることもないからです。たとえば北折と吉田（二〇〇四）は、第3章で用いた歩行者の信号無視行動の場面をさらに発展させ、慣れ要因の影響を明らかにしています。

実は、この研究で観察したのは、筆者が通学路として毎日通っていた交差点でした。大学に入学してすぐの頃は、青になるまで律儀に止まっていたものの、怖い話ですがゴールデンウィークを過ぎた頃になると、車さえ来ていなければ堂々と、赤信号を無視するようになっていました。さらに、毎日ここを通るうち、「こういう狭い交差点なんかで信号を守るのはバカげている」と、信号を軽視するようになり、他の交差点でも信号無視をするようになりました。若気の至りで本当に恥ずかしい話なのですが、慣れや習慣は個人の態度形成に、大きく影響することを身をもって体験しました。

そこで、交差点を初めて通る人と毎日通っている人で、信号無視の比率がどの程度違うのかを、観察により明らかにしようと考えました。毎日交差点を通る歩行者は、車の通行量や信号の現示時間、普段の歩行者行動を把握しているため、信号無視率が高くなると予測できます。

具体的な手順として、初めて交差点を通る歩行者には、受験生を対象としました。年に一度しかとれないデータですが、二次試験（前期日程）の前日に、下見に来たときの歩行者行動を観察しています。データの日時は、二〇〇〇年二月二四日（金）および、二〇〇二年二月二四日（日）でした。比較対象として、イベントなどが何もない、春休み中の日中の時間帯を撮影しました。授業もないので、急いで交差点を渡らなくてはならない理由もありませんし、来るのはサークルに用がある学生くらいのものです。

実際の観察は、歩行者信号が赤である間に、一人以上の人が通りかかった一八六サイクル（下見セッション）と、八二サイクル（春休み学生群）でした。その上で、原則五番目か最後に、交差点を通過した歩行者をターゲットとして、行動をカウントし、前の四人がとる行動を記述的規範として、集計しました。記述的規範は第3章と同じく、半数以上が信号無視をしていれば記述的規範〝渡れ〟、止まっていれば記述的規範〝止まれ〟、半々だったり一人しかさしかかっていない場合は〝ニュートラル〟としました。

その上で、慣れ要因×三つの記述的規範×五番目の歩行者が信号無視をしたかどうかで、三次元のクロス表を作成したものが表16になります。影響要因を洗い出すため、対数線型モデルを用いた分析を行った結果、三つの記述的規範×五番目の歩行者が信号無視をしたかどうかと、三つの記述的規範×慣れ要因を含むモデルが得られました（$\chi^2(3) = 5.80,\ p = .12$）。下位検定の結果も含めて解釈すると、通学歩行者群よりも下見受験生群のほうが、交差点にさしかかったときに記述的規範〝止まれ〟に多く遭遇していました。また、五番目の歩行者の信号無視率に関する通学歩行者との比較では、下見受験生群において、記述的規範〝渡れ〟状況下での信号無視率が低いこともわかりました。

いかがでしょうか。適切な方法をもって比較観察をすれば、きちんと結果が得られるこ

表16　慣れ要因と記述的規範別に見た歩行者行動（北折と吉田，2004より）

記述的規範		渡れ	止まれ	ニュートラル
（出現数）				
5番目通過の歩行者の行動	渡った	17	7	12
	止まった	4	30	12
通学歩行者（合計）		21	37－*	24＋*
5番目通過の歩行者の行動	渡った	28＋*	25－*	15＋*
	止まった	18－*	95＋*	5－*
下見受験生（合計）		46	120＋*	20－*
（信号無視率（%））				
通学歩行者		80.95＋*	18.92	50.00－*
下見受験生		60.87－*	20.83	75.00＋*

※＋（期待度数以上）および－（期待度数以下）は残差分析の結果を示す。　*$p<.05$

とが、おわかりいただけたと思います。そもそもルール違反や迷惑行為といった場面を、実験室で再現して行動を検討するというのは、社会的望ましさの影響もあって難しいものがあります。倫理的なハードルも踏まえれば、フィールドを直接観察するという手法は、これらの問題を解決する上で非常に有効です。

もちろん、フィールド観察も万能ではありません。まず、操作的に手を加えるわけではないので、まったく同じ場面を再現することと自体が、きわめて困難です。観察する日時や時間、条件などといったノイズにより、観察結果が大きく違うことも多々あります。この観察研究も、二〇〇〇年二月二四日（金）と二〇〇二年二月二四日（日）に観察を行ったという記述を見て、「二〇〇一年の二月二四日（土）はどうしたのだろう？」と、疑問に思った方もいらっしゃるかもしれません。実はこの日は雨が降ったため、泣く泣く観察を断念したという経緯があります。いうまでもなく、天候は交通行動に非常に大きく影響を及ぼすからです。

こんなふうに、さまざまな困難はありましたが、下見受験生との比較という方法により、習慣的に交差点を通っている学生と、始めて交差点にさしかかる歩行者を、明確に分けて観察ができました。これらは同じ交差点での比較ですし、試験に対する緊張のようなものも、前日なので影響は小さいはずです。さらに、午後の約三時間の間に歩行者が分散しており、入試当日のように短時間に大挙することもなければ、遅れないよう急いでいることもありません。試験準備で休講となるため、学生の大半がこの交差点を通ることもありませんし、歩行者の何割かが四月に入学するわけなので、比較対象との質的差異も小さくなります。

フィールド観察には、膨大なコストと手間がかかるのも事実ですが、この研究のように、工夫次第でかなりのノイズを排除することもできるのです。

●バーチャル・リアリティの可能性

もう一つのVR（バーチャル・リアリティ）を使った研究は、仮想空間で実際の行動をシミュレートするという方法です。筆者は、VRはこれからの心理学研究において、大きな可能性を秘めていると考えています。

この手法の素晴らしいところは、実験室実験でありながら、実際の認知や行動を反映させやすい点が、まず挙げられます。仮想空間の場面に溶け込ませれば、実際の行動に近い反応が得られるわけですから、社会的望ましさの影響もある程度排除できると思います。また、CGなどを使った仮想場面の中であれば、第三者が存在することはありませんから、相手を不快にするといった倫理的な問題も排除できます。もっともこの場合でも、ミルグラムの服従実験のようなものが許されないのはもちろん、実験参加者自身が負担にならないよう、十分な配慮が必要なのはいうまでもありません。

VRはまだ、ゲームなどにおいて普及し始めた段階であり、社会心理学においてCGによる仮想空間を用いた研究は、まだほぼないといってよい状況にあります。しかし、たとえば交通心理学の領域においては、ドライブシミュレータを用いた研究が数多く行われて

図 37　ドライブシミュレータを用いた実験（五十嵐と臼井，2015 より）

います。これも、VRを用いた一つのアプローチです。

五十嵐と臼井（二〇一五）は、ドライブシミュレータをルール違反研究に応用し、速度違反抑制に効果的なメッセージと提示タイミングについて検討しています。実験は、図37のような形で、仮想空間の中を運転する形で行われました。この実験の目的は、制限速度を抑制するメッセージの効果を測定するため、第4章の北折と吉田（二〇〇〇b）や油尾と吉田（二〇〇九）を拡張する形で、メッセージの効果が検討されました。実験参加者は、制限速度が時速五〇キロメートルに設定され、路側帯や交差点、横断歩道もある各六キロ×四エリアで構成される、全長二四キロメートルに渡る片側二車線の仮想コースを運転しま

図 38　実験で仮想空間上に提示された抑制メッセージ
（五十嵐と臼井，2015 より）

した。コースの途中で実験参加者は、図38のような、禁止型か感謝型いずれかのメッセージを目にすることになります。

運転している間の速度はすべて記録されるのですが、横断歩道での減速といった影響を取り除くため、各エリア六キロの区間について、スタート後四〇〇～二〇〇〇メートルまでを「初期」、二〇〇〇～三六〇〇メートルまでを「中期」、三六〇〇～五二〇〇メートルまでを「終期」というふうに、三つの段階に区切りました。その上で、平均速度を三つ（初期・中期・終期）の段階×二種類（禁止

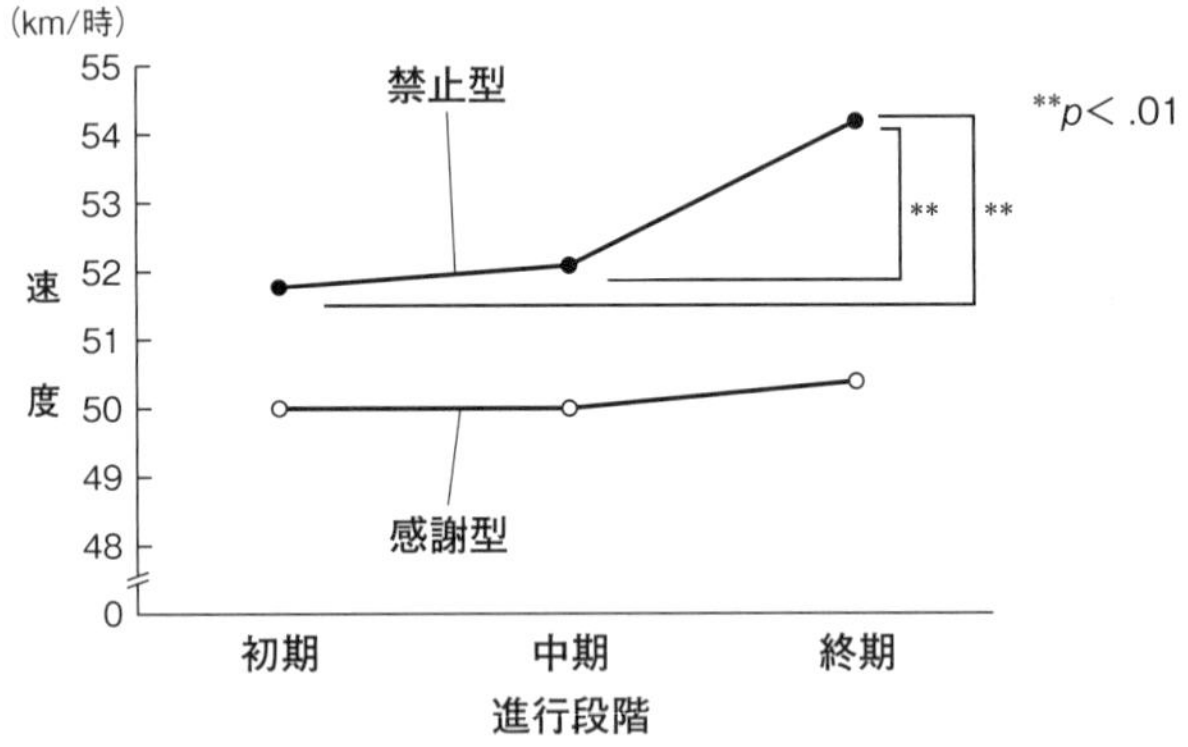

図 39　各段階におけるメッセージごとの平均速度（五十嵐と臼井，2015 より）

型・感謝型）のメッセージで、二要因分散分析を行った結果が、図39になります。

この結果を見る限り、感謝型のメッセージはどのタイミングでもおおむね、制限速度が守られていたといえます。しかし禁止型のメッセージでは、終期にさしかかると、平均速度が大幅に上昇していました。感謝型と比べて禁止型のメッセージは、全体を通して平均速度も高く、持続性も低いことが結果から読みとれます。

仮想空間を用いてルール違反のメカニズムを検討し、感謝メッセージの効果を明らかにしたこの研究は、社会心理学の領域に新たな手法を提示するものです。VRはまだまだ高価で、五十嵐たちの実験で用いられたドライブシミュレータも、決して簡単に用意できるようなレベルのものではありません。しかし一方で、近年はスマートフォンの普及も相まって、VRゴーグルと呼ばれるレンズ付きゴーグルが、かなり安価かつ手軽に利用できるようになってきました。こうしたデバイスを使った心理学実験も、いずれ普通に行われるようになるのではないでしょうか。

既存のものだけでなく、新たな装置や統計手法に目を向け、これを積極的に取り入れていくことが、問題を打破していく上では重要です。色々なことに好奇心を持つことが、アイデアを生み出す原動力となるのです。

●社会に関心を持ちましょう

本章では、倫理的側面や研究手法の限界といった切り口から、ルール違反研究を取り巻く諸問題について述べてきました。

このテーマは、実験遂行に伴うコスト意識を持つことが求められます。多くの心理学研究は、「○○という群は××という傾向が高い」という形で現象を明らかにする、法則定立型と呼ばれるスタイルをとります。必然的に、まとまった数の実験参加者を確保し、群分け・条件分けを行う必要が出てきます。しかし、ルール違反や迷惑行為というのは、認知者は多くても、その行為者が多くないことが問題となります。

たとえば、人前でも平気でゴミのポイ捨てをするような人がいて、大通りで空き缶を投げ捨てたとしましょう。それを目にして不快になる認知者は大勢いると思いますが、ポイ捨てをする行為者は一名にすぎません。ですから、「ゴミのポイ捨てをする人の心理を明らかにしたい」と思っても、そういう人を調査回答者として集めることは、非常に難しくなります。しかしたとえば、「ポイ捨てをしてもよいと思ってしまう状況に関する調査」であれば、誰でも回答が可能です。

つまり、現象をどういう切り口から見るのかによって、同じテーマ・現象であったとしても、実施に伴うコストや、明らかにできることは大きく異なるのです。ルール違反研究は、「やりたいこと」と「やれること」を切り分け、アプローチを工夫していくことが鍵となります。

まだまだこのテーマは、明らかになっていないことも多い上に、社会に貢献する余地も大きく、取り組む価値のある課題がたくさん残っています。世の中に目を向ければ、ルールを守らない人や、他者に不快な思いをさせて平気な人などたくさんいますし、インターネット上では、馬鹿な行為をさらした炎上騒動が後を絶ちません。これらは言い換えれば、それだけ研究のヒントやフィールドがそこかしこにあることを意味します。

ですから、社会に関心を持ち、何が問題なのかを見極めることが大切なのです。面白いと思った新聞やインターネットの記事、目について印象に残っている街中の風景や現象から、研究テーマになりそうなものを見つけるべく、常にアンテナを張り続けましょう。

本書もいよいよゴールが見えてきました。次章では、ここまでの結論や今後の課題について述べ、最後のまとめを〝考える〟こととします。

6・ルールを突き詰める

●行き着くところは〝考える〟こと

本書もいよいよ本章で最後となります。ここまでを総括し、ルールとはそもそも何かについてまとめ、今後の課題を展望しておきたいと思います。

結論からいえば、ここまで述べてきたことを集約すると、〝考える〟ことに行き着きます。迷惑行為は、他者のことを考えない、慮ることのない行為であるがゆえ、相手を不快にさせるのです。社会規範からの逸脱行為は、それがルールに違反するのかどうかを考えない、もしくは他人から白い目で見られることに思いが至らず、「ま、いいか」と〝考える〟ことを止めてしまったゆえの産物なのです。

とにかく〝考える〟ことが、行為者がルールや迷惑行為について理解し、抑止していく上での鍵となります。

そして、自分が正しいと思うようなこと、間違っていると思うことも、いったん立ち止まってみるということです。これも〝考える〟の延長であり、認知者側の思い込みを改めたり、認識や視点を切り替えたりする上で有効です。「正しくないを再考し、正しいを疑う」ことが鍵なのです。

●〝正しくない〟を再考する

正しいとか正しくないというのは、あくまで主観的なものにすぎず、別の切り口から見れば、まったく逆の結論になるといったことも、当然あり得ます。立場や見方、時代や文化が違えば、〝正しい〟の基準など、大きく変わってしまうからです。しかし、自身が正しいと思うことをあえて疑うことは、価値観や信念を否定することになるため、往々にして強い抵抗を感じるものです。

それでも、あえてそれをやってみることが、物事を色々な切り口から、冷静にとらえることにつながるのです。正しくないことや外れていることは、とかくネガティブなものと見なされがちですが、必ずしもそうではありません。たとえば、若者の奇抜なファッショ

図40　2000年前後に流行した腰パン（写真提供：tk78000u）

ンに、眉をひそめる親世代の人たちという構図は、昔からありました。ルーズソックスや腰パン（図40）など、服装の乱れとして社会問題化したものもありましたが、「なんという格好だ！」と思っても、実は時代を先取るファッションリーダーなのかもしれないのです。

時代に対して新しすぎるアイデアや発想は、逸脱者としてのレッテルを貼られがちです。革命や社会構造の劇的な変化についても、最先端でそれを主張したり実行する人は、時に疎ましがられたり、排除されることもあります。正しくないことは、時代の先駆者であると共に、これを不快に思う保守的な人たちからは、迷惑な存在であると見なされるのです。

当たり前のように疑いもなく信じている「正しい」も、実は非常に不安定な土台の上に成り立っています。もちろん、周りの何もかもを疑えという気はありません。そんなことをすれば、あらゆることに疑心暗鬼となり、非常に生き辛くなるからです。ただ、自身と異なる考え方や価値観を否定しないことが、他者の視点を理解することにつながります。別の切り口から物事を〝考える〟ということです。

●〝自由は正しい〟を疑う

ルールは行動を規制するものであるため、自由とは対極になるものです。そして日本は、国民主権に基づく国家への自由が保障された民主主義国家であり、私的所有権が認められ、自由市場が尊重された資本主義国家です。これらは自由が根源にあるため、ルールが窮屈なものとして、批判されがちです。しかし、本当にそうなのでしょうか?

第2章でも挙げた、ブラック企業を例に考えてみたいと思います。ブラック企業によく見られるサービス残業の常態化は、今に始まったことではありません。筆者自身も二〇年以上前の学生時代、いくつかの〝行ってはいけない〟企業について、指導教官から話を聞いていたからです。恐らくこうした企業など、ずっと昔から存在していたのですが、年功序列と終身雇用制度の崩壊により、それが表面化したにすぎません（今野 二〇一二、二〇一三）。これは、将来受けとれるであろう高い給料でサービス残業を補償されるわけでもないのに、企業の収益を維持するため、違法行為が正当化されていることを意味します（寺崎 二〇一五）。

そして問題は、今まで常態化していたという事実が記述的規範として、社会全体で共有されているという点です。よく見られるのが、「俺が若い頃は残業代なんかもらわなくても、仕事を覚えるために残業をするのが当たり前だった。近頃の若い者はだからダメなんだ！」とか、「サービス残業なんかどこの会社だってやっているだろう。残業代をいちいち払っていたら、会社が潰れてしまうではないか。甘いことを言っているんじゃない！」といった主張です。

他所が違法行為をしているからといって、自身や自社の違法行為が正当化されるはずはありません。しかし、安価でサービスを提供しなければ、企業として存続していくことができない、周囲の企業はそうして生き残っているという不安が、ブラック企業をさらに蔓延させてしまうのです。これらの主張は命令的規範に反していても、強固な記述的規範に基づいているため反論し難いのです。こんなふうに考えると、ブラック企業は、自由競争や規制緩和といった〝自由の申し子〟とさえいえます。

もちろん自由を否定して、独裁社会が良いのだというつもりはありませんが、たとえば中東にあるカタールという国は、独裁国家とされているものの、首長の強力なリーダーシップの下で高い経済成長を遂げており、民主化運動が起きることもありません（橋本 二〇一〇）。自由競争の果てにブラック企業が蔓延した社会と、どちらが住みよいのか、個人的には考えてしまいます。

こうした自由について、社会学者のデュルケームは、アノミーという概念を提唱しています。アノミーとは、社会規範が弛緩・崩壊してしまうことで、かえって不安定な状況に陥ってしまうという社会病理を指します。彼は著書『自殺論』の中で、自由を獲得してもそれ以上に欲望も果てしなく膨れ続けるため、虚無感を感じて自殺に至るという、アノミー的自殺論を提唱しました（宮島 一九七九、デュルケーム 一九八五）。自由が過ぎれば秩序が崩壊し、欲望を抑えるような規制も存在しないため、いわば無法地帯のような状態になると考えられます。ブラック企業の蔓延する社会とは、自由を求める以上に利益追求の欲望が膨れあがってしまった、なれの果ての姿なのかもしれません。

こんなふうに考えていくと、自由こそが素晴らしい、自由であることは正しいというのが、盤石ではないことがご理解いただけると思います。もちろん、自由を悪いと主張したいのではなく、それが行きすぎて結果的に不自由になることがある、それが問題だといいたいのです。

そうならないためには、どうすれば良いのでしょうか。基本的にはここまで述べてきたことですが、ルールの本質をきちんと理解することです。ルールで決められていないなら自由だとか、ルールに誰も従っていないなどと、自分に都合が良いことをみんながやれば、結局はおかしなことになってしまうのです。目先のことだけではなく、広い視野を持って、自分の行為がどういった結果をもたらすのか、〝考える〟ことが大事なのです。

●ルールも迷惑も繰り返す

行きすぎて問題が生じてしまったような状況は、どのように変えていけば良いのでしょうか。すなわち、ここで挙げたような自由が行きすぎて、不都合が起きた状況は、どうすれば解決していけるのでしょうか。

実のところ、ルール違反が蔓延してしまった状況を打破し、元の状態に戻す特効薬はありません。そんなものがあれば、多くの社会問題はとっくに解決しているからです。しかし、このまま社会がグチャグチャのまま、ひどい状態で息を潜めて生きていかねばならないかといえば、そんな心配は無用です。

なぜかといえば、迷惑や正しさの基準や理由の変遷は、流行のように絶えず変化・堂々巡りしているからです。例えるなら振り子のように、両端に振れる形で変化を遂げ、同じ事が繰り返されています。クルチュウス=ルーフスの言葉に、「歴史は繰り返す」というのがありますが、これはきわめて的を射ているのです。

ブラック企業には色々な形態がありますが、鈴木（二〇一五）の定義による、「商品やサービスを低価格で消費者に提供するため、コスト削減として長時間労働を伴う過大な業務・責任を負わせる企業」として考えてみましょう。つまりは、労働者をただ働きさせて利益を確保しているわけですから、労働者側でなく、資本家や経営者側のほうに、過度にパワーバランスが偏っている状態といえます。

しかし、こうした状態がしばらく続けば、必ず歪みが看過できないレベルに到達し、社会問題化します。現に、二〇一二年には、ブラック企業を生み出す背景や社会構造の問題を広く伝え、誰もが安心して働ける環境をつくることを目指した「ブラック企業大賞」（図41）が発表されるようになりました（ブラック企業大賞企画委員会 二〇一二）。二〇一三年のユーキャン新語・流行語大賞では、「ブラック企業」という言葉がランクインし、このあたりから社会的な問題として、ブラック企業が扱われ始めたことがうかがえます。

ところで興味深いのが、二〇一五年にブラック企業大賞を受賞した、セブン-イレブン

図41　ブラック企業大賞の募集サイト

です。角田（二〇〇九）はこのコンビニの雄を、「その実態は現代の『蟹工船』と呼ぶべき企業だった」と述べています。『蟹工船』というのは、小林多喜二が一九二九年に発表した小説なのですが、蟹工船で酷使される貧しい労働者たちが、ストライキを起こして資本家に立ち向かっていく姿を描いています。これは、蟹工船「博光丸」のモデルになった船（博愛丸）における、漁夫虐待事件という実話が元となっています。

　つまりこれは、八〇年以上前の小説に現代の企業をなぞらえた表現であり、当時と同じような過酷な条件下での労働が、現代社会にも見られることの比喩なのです。もちろん、そんな昔から連綿と、このような労働環境が続いてきたということはありません。

戦後の日本の労働運動の特徴に、二月頃から一斉に賃上げや労働時間の短縮など条件の改善を求める、春闘と呼ばれる闘争があります。これは世界を見ても類がなく、日本の労働者があみだした独創的な闘争形態です（小島 一九七五）。始まったのは一九五五年のことなのですが、六〇年代には、組織労働者の六割が参加するまでに至り、一九六四年にピークを迎えます（赤堀 二〇一〇）。この時期は、労働市場における分配構造を変えていこうという動きが活発化し、激しい労働争議が引き起こされており、労働者側に振り子が向かっていたと考えられるでしょう。

その後は、企業癒着的体質を持ったいわゆる「御用組合」の台頭で、労働者の自発的な運動は衰退に向かい、企業主導による権威的・競争的な職場秩序が広がっていきます。再び振り子は企業側に振れ、パワーバランスが企業側に偏っていったわけです。この後も労働者側と経営者・企業側の間を振り子のように振れながら（熊谷と鹿田 二〇一二）、長期不況下での労働力過剰という背景もあり、企業側に振り子が振れた形で、低賃金・長時間労働のブラック企業が台頭してきたというわけです。『蟹工船』がリアルに感じられるほど、若い人の労働条件がひどい状況に陥っており、自身の生活を重ね合わせるような形で、この本が再び手に取られているということなのです（島村 二〇〇八）。

このように見ていけば、社会は振り子のように両極間を振れ続け、同じことを繰り返すわけですから、どんな問題もいずれは解決・収束していくことになります。実際に二〇一五年に入った頃あたりから、景気の回復が本格化すると同時に、ブラック企業も社会問題化し、行政が対策に乗り出してきています。厚生労働省に長時間労働削減推進本部が設置され、ブラック企業と認定された企業の社名公表（日本経済新聞 二〇一五）、ハローワークにおけるブラック企業求人の掲載拒否（北川 二〇一五）、残業八〇時間の監視強化（日本経済新聞 二〇一六）、虚偽求人の罰則強化（末崎 二〇一六）などの対策がとられました。これらはいずれも、ルールによる規制強化に他ならず、パワーバランスを調整し、振り子を対極（労働者側）に振れさせる動きといえます。社会の仕組みを〝考える〟ことによって、先のことが見えるようになってきます。

●どう立ち回るべきか

振り子のように繰り返すのであれば、振り子が反対側に振れ始めるまで待っていればいい、もしくは、反対側に振れ始めるまで何もできないことになります。無力感に襲われそうですが、あきらめる必要はありません。問題の構造を理解して適切に対処することで、振り子の動きを早めたり、逆に遅くしたりできるからです。私たちができることは二点あります。

一点目は、認知者側の対応として、一点目で挙げた極端なケースに振り回されず、冷静に現象をとらえることです。小林（二〇一六）は、マスメディアが世論形成において果たした重要な役割の一つに、社会的リアリティの共有を挙げています。これは、「ふだんの生活や日常の行動の中で、これが本当だ、こうするのがふさわしいなどととらえる現実感」をさします。現実感を共有することで、どこか自分からは遠いところの出来事が、身近に感じられてしまうのです。

問題は、身の回りで起きたとしたらレア・ケースな事件だけでなく、やっている人間が相当に非常識と見なされる迷惑行為や逸脱行為などにも、リアリティを感じてしまう点です。繰り返しますが、マスコミが報道したり、ネットで炎上して話題になるような人は、きわめて少数派です。誰にでも起こり得るような日常性を、そもそもマスコミが報道することはまずないからです。多少の法令違反や賃金未払いなどで、ブラック企業と批判されるケースは割とあるかもしれませんが、蟹工船と揶揄されたり、極端な低賃金で重労働を課すようなレベルの企業は、全体で見れば少数派なのです。

それにも関わらず、マスコミ報道でリアリティを持ってしまうと、市井にそうした企業がたくさんあるかのような、錯覚を抱いてしまいます。そういう認識が、「サービス残業なんかどこの会社だってやっている」という、ブラック企業を許容する社会の雰囲気を醸成してしまうのです。「ここまで極端な会社はごく少数だ」ときちんと認識することが、振り子を緩めるブレーキになります。加えて、外れ値であるという認識が、労働者を不当に搾取する企業に制裁を加え、正常化させる原動力にもなります。これも、マスコミ報道を鵜呑みにしないで、自分の頭で〝考える〟ということなのです。

二点目は、行為者側への対処として、極端なケースを白日の下にさらし、問題化することです。社会全体において、極端に目立ったり、問題を引き起こすような人や組織はごく一部です。しかし、これを放置し続けると、「このレベルも許容されるのだ」という認識が広がり、事態がエスカレートしていきます。ブラック企業についても、これを正当化する主張や企業をきちんと批判することが、振り子を逆方向に振れさせる原動力となります。ブラック企業大賞はそういう意味で、一定の役割を果たしているのです。

低コストで従業員を働かせることは、資本家・経営者から見たときに望ましいにすぎません。労働者は自身の労働力を、高く買ってくれることを望ましいと考えているからです。

方向が真逆なわけですから、「何が絶対的に望ましいのか」を突き詰めることは、そもそもできないのです。企業側が低コストを志向することは、利益を確保する上で賞賛されますが、違法行為を許容してまで極端に突き進むと、ブラック企業の烙印を押されて客が離れ、結局はしっぺ返しを食らいます。

コストカットを批判するべきではありませんが、巡って社会全体を疲弊させてしまうまで搾り取ろうとすれば、結局は自身の首を絞めることになります。必要なことは、適度なバランスを取ることなのですが、これも経営者・資本家・労働者・雇用者それぞれの切り口から、みんながきちんと〝考える〟ことができてこそ、可能なのです。

●まとめ

最後に繰り返しますが、ルールについて色々考え、迷惑や逸脱行為を見てきた結論は、〝考える〟です。みんながお互いのことを考えて、相手の立場に立った対応ができるのであれば、ルールが必要だと思う機会は減るはずだからです。ブラック企業が蔓延して、社会が疲弊してしまうようなこともないでしょうし、迷惑行為が巷を騒がせるようなことも、ずいぶん減るはずです。

この先も、ルールや法律が不要な世の中になったり、迷惑行為が撲滅されるようなことは、絶対にありません。何か問題が解決されたとしても、さらに別の問題や迷惑行為が生じるからです。

第3章で挙げたように、携帯電話の黎明期には、電車内での通話が迷惑であるという議論がありました。ところが、最近はスマートフォンが普及して、LINEなどのソーシャル・ネットワーキング・サービスがコミュニケーション手段の中心となってきています。電車内で通話をする人を見かけることはほぼなくなりましたが、替わって駅構内や街中での、歩きスマホが問題となってきています。世の中が便利になったり、面倒事が解消されることで、これまでになかったような迷惑行為や問題が生じてきて、いたちごっこのごとく繰り返されていくのです。

ですから、一つひとつのルール違反を取り上げて、それぞれ個別に対処していては、モグラたたき状態できりがありません。やはり各々が、自身のやったことがどういう結果をもたらすかを〝考える〟のが一番の特効薬であり、どうしたらみんな考えてくれるのかを〝考える〟ことが、研究者に課せられた任務だといえるでしょう。

おわりに

もう四〇年近く前の話ですが、幼少期に見たロボットアニメが、強く記憶に刻みつけられています。それは、人類を滅ぼすべく攻めてきた敵と、異星からやってきた巨大ロボットが戦うという話だったのですが、話中で警察官が、「ロボットも道路を歩けば、道路交通法違反で……」と言い出すのです。子ども心に「何を言っているのだ、地球が危ないときに!」と腹が立ったものの、戦いで住んでいた家を破壊されたとしたら、確かに正義の味方も迷惑この上ないな……そう思ったのを覚えています。

さらに物語が進み最終回、敗れた敵が巨大ロボットのパイロットに、「憎しみ合い、嘘のつき合い、わがままな考え、まして仲間同士が殺し合うような生き物(人類)が、良いとはいえぬ」「悪意のある地球の生き物(人類)が、お前たちに感謝してくれるのか?」と、問いかけをします。保育園児には重い話でしたが、「ルールってなんだ?」「正しいってなんだ?」という、自問自答の原体験はここにあったように思います。

こんなことをずっと問いかけてきたので、時に周囲から面倒くさい奴と思われていたでしょうし、「そういうの生き辛いだろう」と言われたこともありました。それでも飽きることなくテーマに挑み、知りたいと思う気持ちを実験や調査にぶつけ、気がつけば人生の半分以上を捧げ、不惑を過ぎてしまいました。

本書の執筆は、筆者の指導教官であり、名古屋大学大学院教育発達科学研究科の教授であった、吉田俊和先生からいただいたお話でした。正直自分には荷が重かったのですが、七転八倒しながらなんとかここまで進めて来られました。書き始めたときの約束で、各章が出来上がるごとに目を通していただくことをお願いし、久しぶりにご指導を受けることができました。読み終えた原稿の問題点を指摘していただき、煮詰まったアイデアを共有してアドバイスを受けながら、「まだ文章が口語になってるぞ！」というお叱りがありがたく、喫茶店での打合せは、本当に幸せなひとときでした。齢を重ねても師弟関係を続け、ご指導をいただけるのは、本当にありがたいことであると痛感しております。

また、このように本ライブラリで執筆の機会をくださいました、編集委員の安藤清志先生と松井　豊先生に心より御礼申し上げます。加えて、遅筆でご迷惑をおかけしてしまったサイエンス社の清水匡太さんには、お詫びと共に、ここまでお導き頂いたことを本当に感謝しております。急かすことなく、的確なコメントと原稿のチェックでフォローして下さったお陰で、現時点で自分なりに書きたかったことを、おおむねまとめることができました。

どうあれ、話をいただいたときに「やってみなよ！」と言って、共働きながら家事をこなし、子どもを連れ出して執筆時間を確保してくれた妻の由子には、本当に感謝せねばなりません。そして、遊んでくれとじゃれついてくるたびに、「お仕事中！」と追い返していた三人の娘たちにも、ようやく罪滅ぼしができるというものです。この週末は久方ぶりにどこかへ連れて行ってやろう……そんなことを思いながら、本書を通じて出会えた人と知の縁に感謝しつつ、今後も精進していこうと思います。

吉川忠夫（1986）．秦の始皇帝　講談社
吉見俊哉（2012）．「声」の資本主義――電話・ラジオ・蓄音機の社会史――　河出書房新社
吉武久美・吉田俊和（2011）．社会的迷惑行為と向社会的行動における合意性推定　応用心理学研究，**37**，1-10.
油尾聡子・吉田俊和（2009）．迷惑抑止メッセージと記述的規範が社会的迷惑行為と感情に及ぼす効果　応用心理学研究，**34**，155-165.
油尾聡子・吉田俊和（2012）．送り手との互恵性規範の形成による社会的迷惑行為の抑制効果――情報源の明確な感謝メッセージに着目して――　社会心理学研究，**28**，32-40.
油尾聡子・吉田俊和（2013）．社会的迷惑行為の抑止策としての好意の提供　実験社会心理学研究，**53**，1-11.
全日本交通安全協会（2016）．平成 27 年中の交通事故死者数　Retrieved from　http://www.jtsa.or.jp/topics/T-263.html（2017 年 2 月 13 日）
Zimbardo, P. G.（1969）. The human choice：Individuation, reason, and order vs. deindividuation, impulse, and chaos. In W. J. Arnold, & D. Levine（Eds.）, *Nebraska Symposium on Motivation*（pp. 237-307）. Lincoln：University of Nebraska Press.
Zuckerman, M., Miserandino, M., & Bernieri, F.（1983）. Civil inattention exists—in elevators. *Personality and Social Psychology Bulletin*, **9**, 578-586.

Van Yperen, N. W., & Buunk, A. P. (1994). Social comparison and social exchange in marital relationships. In M. J. Lerner, & G. Mikula (Eds.), *Entitlement and the affectional bond : Justice in close relationships* (pp. 89-115). New York : Plenum Press.

山岸俊男（1990）．社会的ジレンマのしくみ――「自分１人ぐらいの心理」の招くもの――　サイエンス社

山口貴之・森上幸夫・西迫成一郎・桑原尚史（2003）．社会的公正さの判断基準の分析――社会的公正判断過程に関する研究（1）――関西大学総合情報学部紀要「情報研究」，**19**，83-96.

安田　雪（2010）．「つながり」を突き止めろ――入門！　ネットワーク・サイエンス――　光文社

吉田俊和（1974）．認知的不協和の課題遂行に及ぼす効果　心理学研究，**45**，189-197.

吉田俊和（1977）．認知的不協和が課題評価および課題遂行に及ぼす効果　心理学研究，**48**，216-223.

吉田俊和（1997）．対人関係能力の低下が「社会」にもたらす影響　誌上シンポジウム『対人関係能力の低下と現代社会』討論論文２　名古屋大学教育学部紀要（心理学），**44**，29-32.

吉田俊和・安藤直樹・元吉忠寛・藤田達雄・廣岡秀一・斎藤和志・森久美子・石田靖彦・北折充隆（1999）．社会的迷惑に関する研究（1）　名古屋大学教育学部紀要，**46**，53-73.

吉田俊和・廣岡秀一・斎藤和志（編著）（2002）．教室で学ぶ「社会の中の人間行動」――心理学を活用した新しい授業――　明治図書

吉田俊和・廣岡秀一・斎藤和志（編著）（2005）．学校教育で育む「豊かな人間関係と社会性」――心理学を活用した新しい授業例Part2――　明治図書

吉田俊和・元吉忠寛・北折充隆（2000）．社会的迷惑に関する研究（3）――社会考慮・信頼感による人の分類と社会認識・迷惑対処方略の関連――名古屋大学教育発達科学研究科紀要（心理学），**47**，35-45.

吉田俊和・斎藤和志・北折充隆（編）（2009）．社会的迷惑の心理学　ナカニシヤ出版

試み――　大原社会問題研究所雑誌，**682**，30-43.

首相官邸（2003）．犯罪に強い社会の実現のための行動計画――「世界一安全な国，日本」の復活を目指して――　Retrieved from　http://www.kantei.go.jp/jp/singi/hanzai/kettei/031218keikaku.html（2017 年 1 月 19 日）

Tajfel, H., & Turner, J. C.（1986）. The social identity theory of inter-group behavior. In S. Worchel, & L. W. Austin（Eds.）, *Psychology of intergroup relations*. Chigago：Nelson-Hall.

高橋伸幸・稲葉美里（2015）．規範どのように実効化されるのか――実験的検討――（pp. 85-115）　亀田達也（編著）「社会の決まり」はどのように決まるのか　勁草書房

高木　彩（2005）．社会的迷惑研究の動向　東京女子大学心理学紀要，**1**，75-80.

高木　彩・村田光二（2005）．注目する規範の相違による社会的迷惑　社会心理学研究，**20**，216-223.

Tedeschi, J. T., & Norman, N.（1985）. Social power, self-presentation, and the self. In B. R. Schlenker（Ed.）, *The self and social life*. McGraw-Hill.

寺崎克志（2015）．ブラック企業の経済学　目白大学総合科学研究，**11**，19-40.

Thibaut, J. W., & Kelly, H. H.（1959）. *The social psychology of groups*. New York：Wiley.

Thibaut, J., & Walker, L.（1975）. *Procedural justice：A psychological analysis*. Lawrence Erlbaum Associates.

Travers, J., & Milgram, S.（1969）. An experimental study of the small world problem. *Sociometry*, **32**, 425-443.

Triandis, H. C.（1994）. *Culture and social behavior*. New York：McGraw-Hill.

Tyler, T. R., Boeckmann, R. J., Smith H. J., & Hou, Y. J.（1997）. *Social justice in a diverse society*. Westview Press.

（タイラー，T. R.・ボエックマン，R. J.・スミス，H. J.・ホー，Y. J.　大渕憲一・菅原郁夫（監訳）（2000）．多元社会における正義と公正　ブレーン出版）

引用文献

島村　輝（2008）．2008年の「蟹工船」現象——その背景と展開——　日本近代文学，**79**，131-137.

Shoham, S. G., & Rahav, G.（1982）. *The mark of Cain：The stigma theory of crime and social deviance*. University of Queensland Press.
（ショーハム，S. G.・ラハーブ，G.　藤田弘人・神戸博一（訳）（1998）．犯罪と逸脱のスティグマ（烙印）理論——カインから現代まで——　文化書房博文社）

総務省（2014）．「電波の医療機器等への影響に関する調査」報告書　Retrieved from http://www.soumu.go.jp/main_content/000291919.pdf（2016年5月31日）

総務省統計局（2015）．人口推計（平成27年（2015年）6月確定値，平成27年11月概算値）総務省統計局　Retrieved from　http://www.stat.go.jp/data/jinsui/new.htm（2015年11月29日）

園田　寿・井田　良・加藤克佳（1996）．刑事法講義ノート　第2版　慶應義塾大学出版会

Staub, E.（1972）. Instigation to goodness：The role of social norms and interpersonal influence. *Journal of Social Issues*, **28**, 131-150.

Stern, B. L., & Peterson, L.（1999）. Liking wrongdoing and consequence：A developmental analysis of children's punishment orientation. *Journal of Genetic Psychology*, **160**, 205-224.

Strauss, B., Granger, M., Apt, J., & Stancil, D.（2006）. Unsafe at any airspeed?：Cellphones and other electronics are more of a risk than you think. *IEEE Spectrum*, **45**, 44-49.

須賀　幾・松本万夫・斎藤淳一・内田龍制・加藤律史・長崎治能・内山智恵・米谷展明・西村重敬・山本俊夫（2002）．ペースメーカー植込み患者に及ぼす携帯電話の影響　*Therapeutic Research*，**23**，8-11.

菅原健介（1998）．人はなぜ恥ずかしがるのか——羞恥と自己イメージの社会心理学——　サイエンス社

角田裕育（2009）．セブン-イレブンの真実——鈴木敏文帝国の闇——　日新報道

鈴木　玲（2015）．「ブラック企業」の普遍性と多面性——社会科学的分析の

——キティ・ジェノヴィーズ事件の真相——　青土社

Ross, L. (1973). *Perspectives on social order.* New York：McGraw-Hill.

Ross, L., Greene, D., & House, P. (1977). The false consensus effect：An egocentric bias in social perception and attribution processes. *Journal of Experimental Social Psychology,* **13**, 279-301.

Runciman, W. G. (1966). *Relative deprivation and social justice：A study of attitudes to social inequality in twentieth-century England.* Berkeley：University of California Press.

寮　美千子（文）磯　良一（絵）(2013). エルトゥールル号の遭難——トルコと日本を結ぶ心の物語——　小学館

斎藤和志（1999). 社会的迷惑行為と社会を考慮すること　愛知淑徳大学論集，**24**，67-77.

Sandel, M. J. (2009). *Justice：What's the right thing to do?* Farrar Straus & Giroux.

（サンデル，M.　鬼澤　忍（訳）(2010). これからの「正義」の話をしよう——いまを生き延びるための哲学——　早川書房）

サンデル，M.　NHK「ハーバード白熱教室」制作チーム（2010a). 小林正弥・杉田晶子（訳）ハーバード白熱教室講義録＋東大特別授業〈上〉早川書房

サンデル，M.　NHK「ハーバード白熱教室」制作チーム（2010b). 小林正弥・杉田晶子（訳）ハーバード白熱教室講義録＋東大特別授業〈下〉早川書房

佐藤　令（2010). 投票率　国際比較に見る日本の政策課題——総合調査報告書——(pp. 94-97)　国立国会図書館調査及び立法考査局

Schaffer, L. S. (1983). Toward Pepitone's vision of a normative social psychology：What is a social norm? *Journal of Mind and Behavior,* **4**, 275-294.

Schwartz, S. H. (1978). Temporal instability as a moderator of the attitude-behavior relationship. *Journal of Personality and Social Psychology,* **36**, 715-724.

Sherif, M., & Sherif, C. W. (1969). *Social psychology.* New York：Harper & Row.

中島　誠・吉田俊和（2008）．日常生活における第三者を介した資源の衡平性回復行動　社会心理学研究，**24**，98–107．

日本経済新聞（2015）．社名公表18日から 厚労省 ブラック企業対策発表　5月16日　p. 4.

日本経済新聞（2016）．「残業80時間」監視強化　4月2日　p. 2.

Nisan, M. (1987). Moral norms and social conventions：A cross-cultural comparison. *Developmental Psychology*, **23**, 719–725.

西迫成一郎（2003）．社会的公正感が，主観的健康感，心理的ストレスに及ぼす効果　相愛大学研究論集，**18**，87–106．

野下智之・寺村堅志・櫨山　昇・守谷哲毅・石川ゆかり・重山智保・名取俊也・岸　規子・中林保雄（2013）．無差別殺傷事犯に関する研究　法務総合研究所研究部報告，**50**，1–188．

小浜逸郎（2000）．なぜ人を殺してはいけないのか――新しい倫理学のために――　羊泉社

大渕憲一・福野光輝（2003）．社会的公正と国に対する態度の絆仮説――多水準公正評価，分配的および手続的公正――　社会心理学研究，**18**，204–212．

Opp, K. D. (1982). The evolutionary emergence of norms. *British Journal of Social Psychology*, **21**, 139–149.

Pavey, L., Greitemeyer, T., & Sparks, P. (2011). Highlighting relatedness promotes prosocial motives and behavior. *Personality and Social Psychology Bulletin*, **37**, 905–917.

Pepitone, A. (1976). Toward a normative and comparative biocultural social psychology. *Journal of Personality and Social Psychology*, **34**, 641–653.

Popenoe, D. (1983). *Sociology* (5th ed.). Englewood Cliffs, NJ：Prentice-Hall.

Pratkanis, A., & Aronson, E. (1992). *Age of propaganda*. Freeman.
（プラトカニス，A.・アロンソン，E.　社会行動研究会（訳）（1998）．プロパガンダ――広告・政治宣伝のからくりを見抜く――　誠信書房）

Regan, D. G. (1971). Effects of a favor and liking on compliance. *Journal of Experimental Social Psychology*, **7**, 627–639.

ローゼンタール，A. M.　田畑暁生（訳）（2011）．38人の沈黙する目撃者

宮本孝二（1998）．逸脱のパラドックス　森下伸也・君塚大学・宮本孝二（共著）パラドックスの社会学――パワーアップ版――（pp. 145-161）新曜社

Modigliani, A.（1971）. Embarrassment, facework, and eye contact：Testing a theory of embarrassment. *Journal of Personality and Social Psychology*, **17**, 15-24.

Moos, R. H.（1973）. Conceptualizations of human environments. *American Psychologist*, **28**, 652-665.

森　久美子（2009）．迷惑の生成と受容過程――列車内での携帯電話マナーに関する意識の変遷から――　吉田俊和・斎藤和志・北折充隆（編）社会的迷惑の心理学（pp. 57-73）ナカニシヤ出版

森　久美子・石田靖彦（2001）．迷惑の生成と受容に関する基礎的研究――普及期の携帯電話マナーに関する言説分析――　愛知淑徳大学論集（コミュニケーション学部編），**1**，77-92.

森永　堯（2010）．トルコ 世界一の親日国――危機一髪！イラン在留日本人を救出したトルコ航空――　明成社

元吉忠寛（2002）．社会考慮が西暦2000年問題の認知・対策行動に及ぼした影響　社会心理学研究，**18**，1-10.

宗方比佐子・北折充隆・大山小夜（2006）．4年間の大学生活は，学生の意識と行動に何をもたらすのか3――縦断調査による新設学部学生の4年間変遷に関する総合研究――　金城学院大学人文・社会科学研究所紀要，**10**，13-37.

ムネカタスミト（2008）．ブラック企業の闇――それでもあなたは働きますか？――　晋遊舎

Murray, M., Swan, A. V., & Johnson, M. R. D.（1983）. Some factors associated with increased risk of smoking by children. *Journal of Child Psychology and Psychiatry*, **24**, 223-232.

内閣府（1987）．昭和62年版　交通安全白書　内閣府

内閣府（2015）．基本的法制度に関する世論調査　2015年1月26日〈http://survey.gov-online.go.jp/h26/h26-houseido/gairyaku.pdf〉（2015年10月06日）

Psychology, **5**, 189-202.

Leary, M. R., & Kowalski, R. M. (1990). Impression management : A literature review and two-component model. *Psychological Bulletin*, **107**, 34-47.

Lefkowitz, M., Blake, R. R., & Mouton, J. S. (1955). Status factors in pedestrian violation of traffic signals. *Journal of Abnormal and Social Psychology*, **51**, 704-706.

Maalouf, A. (1983). *Les croisades unes par les Arabes*. Editions J. C. Lattes. (マアルーフ，A. 牟田口義郎・新川雅子（訳）(2001). アラブが見た十字軍　筑摩書房)

松田裕之（2001）．明治電信電話（テレコム）ものがたり――情報通信社会の『原風景』――　日本経済評論社

末崎　毅（2016）．虚偽求人 罰則強化を検討 厚労省　朝日新聞　6月4日 p. 1.

McKirnan, D. J. (1980). The identification of deviance : A conceptualization and initial test of a model of social norms. *European Journal of Social Psychology*, **10**, 75-93.

Milgram, S. (1963). Behavioral study of obedience. *Journal of Abnormal and Social Psychology*, **67**, 371-378.

Milgram, S. (1967). The small world problem. *Psychology Today*, **1**, 61-67.

Milgram, S., Bickman, L., & Berkowitz, L. (1969). Note on the drawing power of crowds of different size. *Journal of Personality and Social Psychology*, **13**, 79-82.

箕浦康子（1985）．大学の説得活動と学生の駐車行動の変化――岡大法文構内における自然実験に関する社会心理学的レポート――　岡山大学文学部紀要，**8**，69-88.

箕浦康子（1987）．社会的ジレンマ状況での非協力から協力への行動変容――バイク駐車行動のフィールドスタディによる態度―行動の一貫性の検討――　心理学研究，**58**，282-288.

三隅譲二・木下冨雄（1992).「世間は狭い」か？――日本社会の目に見えない人間関係ネットワークを推定する――　社会心理学研究，**7**，8-18.

宮島　喬（1979）．デュルケム自殺論　有斐閣

送メディア研究，**13**，105-128.
木暮正夫（文）相澤るつ子（絵）(2003)．救出――日本・トルコ友情のドラマ――　アリス館
甲原定房（2006)．指示的・記述的規範が同調行動に及ぼす効果　山口県立大学生活科学部研究報告，**32**，12-17.
Kohlberg, L. (1967). Moral and religious education and the public schools：A developmental view. In T. Sizer (Ed.), *Religion and public education*. Boston：Houghton-Mifflin.
Kohlberg, L., & Kramer, R. (1969). Continuities and discontinuities in childhood and adult moral development. *Human Development*, **12**, 93-120.
小池はるか（2003)．共感性尺度の再構成――場面想定法に特化した共感性尺度の作成――　名古屋大学大学院教育発達科学研究科紀要（心理発達科学)，**50**，101-108.
小池はるか・高木　彩・北折充隆（2014)．後部座席のシートベルト着用義務化に関する縦断的研究　社会心理学研究，**30**，57-64.
小池はるか・吉田俊和（2007)．共感性と対人的迷惑認知，迷惑認知の根拠との関連――行為者との関係性による違いの検討――　パーソナリティ研究，**3**，266-275.
小島健司（1975)．春闘の歴史　青木書店
今野晴貴（2012)．ブラック企業――日本を食いつぶす妖怪――　文藝春秋
今野晴貴（2013)．ブラック企業ビジネス　朝日新聞出版
小関八重子（1997)．集団の影響過程　堀　洋道・山本眞理子・吉田富二雄（編著）新編 社会心理学（pp. 190-204）福村出版
小城英子（2004)．『劇場型犯罪』とマス・コミュニケーション　ナカニシヤ出版
熊谷金道・鹿田勝一（2011)．春闘の歴史と展望――国民共同の力で未来を――　学習の友社
Latané, B., & Darley, J. M. (1968). Group inhibition of bystander intervention in emergencies. *Journal of Personality and Social Psychology*, **3**, 215-221.
Latané, B., & Rodin, J. (1969). A lady in distress：Inhibiting effects of friends and strangers on bystander intervention. *Journal of Experimental Social*

惑認知の根拠に関する分析—— 名古屋大学教育発達科学研究科紀要(心理学), **47**, 25-34.

板山 昴 (2014). 裁判員裁判における量刑判断に関する心理学的研究——量刑の決定者と評価者の視点からの総合的考察—— 風間書房

貝塚茂樹 (1963). 史記——中国古代の人びと—— 中公新書

Kandel, D. B. (1980). Drug and drinking behavior among youth. *Annual Review of Sociology*, **6**, 235-285.

警察庁 (2016). 全ての座席でシートベルトを着用しましょう Retrieved from http://www.npa.go.jp/koutsuu/kikaku/seatbelt/index.htm (2016年9月20日)

木場深志 (1970). 「社会的望ましさ」の尺度の妥当性の吟味 金沢大学法文学部論集 哲学編, **17**, 49-63.

Kiesler, C. A., & Kiesler, S. B. (1969). *Conformity*. Reading, MA : Addison-Wesley.

北川慧一 (2015). ブラック求人 門前払いに 朝日新聞 12月26日 p. 3.

北折充隆 (2008). 電車内の迷惑行為評価に関する検討——悪質行為はKYか?—— 金城学院大学論集 (人文科学編), **5**, 16-26.

北折充隆 (2013). 迷惑行為はなぜなくならないのか?——「迷惑学」から見た日本社会—— 光文社

北折充隆・吉田俊和 (2000a). 記述的規範が歩行者の信号無視行動におよぼす影響 社会心理学研究, **16**, 73-82.

北折充隆・吉田俊和 (2000b). 違反抑止メッセージが社会規範からの逸脱行動におよぼす影響について——大学構内の自転車の駐輪違反に着目したフィールド実験—— 実験社会心理学研究, **40**, 28-37.

北折充隆・吉田俊和 (2004). 歩行者の信号無視行動に関する観察的検討——急ぎ要因と慣れ要因の影響について—— 社会心理学研究, **19**, 234-240.

小林久高 (1991). 社会規範の意味について 社会学評論, **42**, 32-46.

小林 實・内山絢子・松本弘之 (1977). 交通違反の悪質性意識 科学警察研究所報告交通編, **18**, 51-61.

小林哲郎 (2016). マスメディアが世論形成に果たす役割とその揺らぎ 放

from　http://www.mofa.go.jp/mofaj/ms/da/page22_001055.html（2016年6月24日）

Gilbert, D. T.（1995）. Attribution and interpersonal perception. In A. Tesser（Ed.）, *Advanced social psychology*（pp. 99–147）. New York：McGraw-Hill.

Goleman, D.（1996）. *Emotional intelligence：Why it can matter more than IQ*. London：Bloomsbury.

（ゴールマン，D.　土屋京子（訳）（1996）．EQ――こころの知能指数――　講談社）

Gouldner, A. W.（1960）. The norm of reciprocity：A preliminary statement. *American Sociological Review*, **25**, 161–178.

Gray, J. A.（1982）. *The neuropsychology of anxiety：An enquiry into the functions of the septo-hippocampal system*. New York：Oxford University Press.

原田知佳・吉澤寛之・吉田俊和（2008）．社会的自己制御尺度（Social Self-Regulation）の作成　パーソナリティ研究，**17**，82–94.

原田知佳・吉澤寛之・吉田俊和（2009）．自己制御が社会的迷惑行為および逸脱行為に及ぼす影響――気質レベルと能力レベルからの検討――　実験社会心理学研究，**48**，122–136.

橋本五郎（監修）グループSKIT（編著）（2010）．世界の「独裁国家」がよくわかる本　PHP研究所

林　華奈子・高木秀貴・傳　章則（1998）．北海道の国道における交通事故の特徴について　開発土木研究所月報，**538**，28–37.

林　啓太（2013）．優先席の携帯オフ見直しの動き　東京新聞　10月11日 p. 24.

Horai, J.（1977）. Attributional conflict. *Journal of Social Issues*, **33**, 88–100.

法務省法務総合研究所（1960）．犯罪白書（昭和35年版）　大蔵省印刷局

法務省法務総合研究所（2007）．犯罪白書（平成19年版）　佐伯印刷

法務省法務総合研究所（2016）．犯罪白書（平成28年版）　日経印刷

五十嵐彩那・臼井伸之介（2015）．速度違反抑制に効果的なメッセージと提示タイミング　交通科学，**46**，13–24.

石田靖彦・吉田俊和・藤田達雄・廣岡秀一・斎藤和志・森　久美子・安藤直樹・北折充隆・元吉忠寛（2000）．社会的迷惑に関する研究（2）――迷

Cialdini, R. B., Reno, R. R., & Kallgren, C. A. (1990). A focus theory of normative conduct : Recycling the concept of norms to reduce littering in public places. *Journal of Personality and Social Psychology*, **58**, 1015-1026.

Cialdini, R. B., & Trost, M. R. (1998). Social Influence : Social norms, conformity, and compliance. In D. T. Gilbert, S. T. Fiske, & G. Lindzey (Eds.), *The handbook of social psychology* (pp. 151-192). Vol. 2 (4th ed.). New York : McGraw-Hill.

Cooke, R. A., & Szumal, J. L. (1993). Measuring normative beliefs and shared behavioral expectations in organizations : The reliability and validity of the organizational culture inventory. *Psychological Reports*, **72**, 1299-1330.

Crowne, D. P., & Marlowe, D. (1960). A new scale of social desirability independent of psychopathology. *Journal of Consulting Psychology*, **24**, 341-354.

Deutsch, M., & Gerard, H. (1955). A study of normative and informational social influences in individual judgement. *Journal of Abnormal and Social Psychology*, **51**, 629-636.

道路交通法実務研究会（編）(2009). 図解 道路交通法　3 訂版　東京法令出版

Durkheim, E. (1897). *Suicide : A study in sociology*. The Free Press.
(デュルケーム，E.　宮島　喬（訳）(1985). 自殺論　中公文庫)

Fazio, R. H. (1990). Multiple processes by which attitudes guide behavior : The model as an integrative framework. In M. P. Zanna (Ed.), *Advances in experimental social psychology* (pp. 75-109). Vol. 23. New York : Academic Press.

Festinger, L. (1957). *A theory of cognitive dissonance*. Stanford University Press.

Fieldhouse, E., Tranmer, M., & Russell, A. (2007). Something about young people or something about elections? Electoral participation of young people in Europe : Evidence from a multilevel analysis of the European Social Survey. *European Journal of Political Research*, **46**, 797-822.

外務省 (2014). 特別展示「日本とトルコ――国交樹立 90 年――」Ⅳ交流の深まり――1920 年代から 30 年代――　概説と主な展示史料　Retrieved

Berger, P. L., & Luckman, T. (1966). *The social construction of reality.* Garden City, New York : Doubleday.

ブラック企業大賞企画委員会 (2012). ブラック企業大賞とは Retrieved from http://blackcorpaward.blogspot.jp/p/blog-page.html (2017 年 3 月 27 日)

Blass, T. (2004). *The man who shocked the world : The life and legacy of Stanley Milgram.* New York : Basic Books.
(ブラス, T. 野島久雄・藍澤美紀 (訳) (2008). 服従実験とは何だったのか――スタンレー・ミルグラムの生涯と遺産―― 誠信書房)

Bregman, A. S. (1977). Perception and behavior as compositions of ideals. *Cognitive Psychology*, **9**, 250-292.

Brehm, J. W. (1966). *A theory of psychological reactance.* New York : Academic Press.

Brehm, S. S., & Brehm, J. W. (1981). *Psychological reactance : A theory of freedom and control.* New York : Academic Press.

Buss, D. M. (1990). The evolution of anxiety and social exclusion. *Journal of Social and Clinical Psychology*, **9**, 196-210.

Buss, D. M. (1991). Evolutionary personality psychology. *Annual Review of Psychology*, **42**, 459-491.

Cialdini, R. B. (2001). *Influence : Science and practice* (4th ed.). Boston : Allyn & Bacon.
(チャルディーニ, R. B. 社会行動研究会 (訳) (2007). 影響力の武器――なぜ, 人は動かされるのか―― 第 2 版 誠信書房)

Cialdini, R. B., Bator, R. J., & Guadagno, R. E. (1999). Normative influences in organizations. In L. L. Thompson, J. M. Levine, & D. M. Messick (Eds.), *Shared cognition in organizations : The management of knowledge* (pp. 195-211). Lawrence Erlbaum Associates.

Cialdini, R. B., Kallgren, C. A., & Reno, R. R. (1991). A focus theory of normative conduct : A theoretical refinement and reevaluation of the role of norms in human behavior. In M. P. Zanna (Ed.), *Advances in experimental social psychology* (pp. 201-234). Vol. 24. New York : Academic Press.

引用文献

Adams, J. S. (1965). Inequity in social exchange. In L. Berkowitz (Ed.), *Advances in experimental social psychology*. Vol. 2. New York : Academic Press.

赤堀正成（2010）．労働組合と賃金——春闘とは何か——　石井まこと・兵頭淳史・鬼丸朋子（編著）現代労働問題分析——労働社会の未来を拓くために——(pp. 31-46)　法律文化社

秋月達郎（2010）．海の翼——トルコ軍艦エルトゥールル号救難秘録——　新人物往来社

安藤清志（1994）．見せる自分/見せない自分——自己呈示の社会心理学——　サイエンス社

朝日新聞（1997）．天声人語　「自己責任」と「社会のぬくもり」　1月20日朝刊　p. 1.

朝日新聞（2002）．暴走できんで，なにわの「族」昨年同期比，走行台数半減　【大阪】10月30日夕刊　p. 2.

朝日新聞（2009）．青鉛筆　7月19日朝刊　p. 31.

Asch, S. E. (1951). Effects of group pressure upon the modification and distortion of judgements. In H. Guetzkow (Ed.), *Group, leadership, and man*. Pittsburgh : Carnegie Press.

Austin, W., & Walster, E. (1974). Participants' reactions to "Equity with the world." *Journal of Experimental Social Psychology*, **10**, 528-548.

Baumeister, R. F., & Leary, M. R. (1995). The need to belong : Desire for interpersonal attachments as a fundamental human motivation. *Psychological Bulletin*, **177**, 497-529.

Beaman, A. L., Klentz, B., Diener, E., & Svanum, S. (1979). Self-awareness and transgression in children : Two field studies. *Journal of Personality and Social Psychology*, **37**, 1835-1846.

著 者 略 歴

北折《きたおり》　充隆《みつたか》

1996 年　名古屋大学教育学部教育心理学科卒業

2001 年　名古屋大学大学院教育発達科学研究科心理発達科学専攻博士後期課程単位取得

2002 年　金城学院大学人間科学部心理学科社会心理学専攻専任講師

現　在　金城学院大学人間科学部多元心理学科教授

博士（教育心理学）

主要編著書

『社会規範からの逸脱行動に関する心理学的研究』（風間書房，2007）

『社会的迷惑の心理学』（共編）（ナカニシヤ出版，2009）

『自分で作る調査マニュアル——書き込み式卒論質問紙調査解説』（ナカニシヤ出版，2012）

『迷惑行為はなぜなくならないのか？——「迷惑学」から見た日本社会』（光文社，2013）

セレクション社会心理学―30

ルールを守る心

――逸脱と迷惑の社会心理学――

2017年9月25日© 初版発行
2022年9月25日 初版第2刷発行

著者 北折充隆

発行者 森平敏孝
印刷者 山岡影光
製本者 松島克幸

発行所 株式会社 サイエンス社
〒151-0051 東京都渋谷区千駄ヶ谷1丁目3番25号
営業 ☎(03)5474-8500(代) 振替 00170-7-2387
編集 ☎(03)5474-8700(代)
FAX ☎(03)5474-8900

印刷 三美印刷 製本 松島製本

《検印省略》

本書の内容を無断で複写複製することは，著作者および出版者の権利を侵害することがありますので，その場合にはあらかじめ小社あて許諾をお求め下さい。

ISBN978-4-7819-1411-4

PRINTED IN JAPAN

サイエンス社のホームページのご案内
http://www.saiensu.co.jp
ご意見・ご要望は
jinbun@saiensu.co.jp まで.

セレクション社会心理学 29

自分の中の隠された心

非意識的態度の社会心理学

潮村公弘 著

四六判・168 ページ・本体 1,600 円（税抜き）

私たちは，自身の思考や判断，行動などを自分で考えたうえで意識的・主体的に行っていると考えがちです．しかしながら，古くからフロイトなどにより，私たちが意識的に認識していること以外に,「無意識」という意識できていない心のはたらきがあることが指摘されてきました．本書では，そのような概念を「非意識」としてとらえ直し，その測定方法や研究による成果について解説します．長年日本とアメリカで非意識・無意識の研究に携わってきた著者が，進展する研究の熱気を伝えます．

【主要目次】

1　非意識の世界
2　ＩＡＴ（潜在的連合テスト）
3　ＩＡＴを用いたステレオタイプ関連研究
4　非意識に関わる研究の広がり
5　非意識的態度で新たに予測できること
6　非意識的態度研究の今後

サイエンス社